Heinrich von Kleist

Die Marquise von O...

Das Erdbeben in Chili

Module und Materialien
für den Literaturunterricht

von Bernd W. Seiler

Schroedel
westermann

westermann GRUPPE

Druck A[1] / Jahr 2017

Alle Drucke der Serie A sind im Unterricht parallel verwendbar.

Redaktion: Dr. Hans-Georg Schede, Freiburg
Layout: Yvonne Behnke, Berlin
Druck: westermann druck GmbH, Braunschweig

ISBN 978-3-507-69986-1

Inhaltsverzeichnis

Konzeption der Module und Materialien

Die Reihe »Module und Materialien für den Literaturunterricht« eröffnet einen inhaltlich ergiebigen und methodisch vielseitigen Zugang zu wichtigen Werken des schulischen Lektürekanons. Sie bietet einen vollständigen Unterrichtsgang an, ist aber zugleich so angelegt, dass es möglich ist, einzelne Elemente herauszulösen und sie mit eigenen Unterrichtsideen zu kombinieren. Inhaltlich liegt ein besonderer Schwerpunkt auf der analytischen und argumentierenden Auseinandersetzung mit den Texten, um die Schülerinnen und Schüler auf die Aufgabenarten vorzubereiten, für die sie ihre (schriftlichen) Deutschnoten erhalten und die sie in der Abiturprüfung beherrschen sollen. Eine Verteilung der Module auf eine bestimmte Anzahl von Unterrichtsstunden ist wegen der unterschiedlichen Lehr- und Lernbedingungen bewusst nicht vorgenommen worden.

Aufbau des Hefts

Das Heft beginnt mit einer tabellarischen **Übersicht**, in der die Themen der Module genannt, der Unterrichtsgang deutlich und die jeweils vermittelten Kompetenzen sowie die verwendeten Arbeitsgrundlagen aufgeführt werden.

Anschließend folgt eine kurze **Fachliche Orientierung**. Sie enthält die wichtigsten Informationen zur Entstehung und Thematik der beiden behandelten Novellen, zu Besonderheiten der Gestaltung und zur Wirkungsgeschichte. Diese Einführung schließt mit einem **Literaturverzeichnis** ab.

Die **Darstellung des Unterrichts** besteht aus einer Abfolge von thematisch konzentrierten Modulen, deren einzelne Unterrichtsschritte durch Zwischenüberschriften kenntlich gemacht werden. Zu allen Arbeitsaufträgen werden unter der Überschrift »Erwartungen« Lösungsvorschläge oder -hinweise geboten. In der Marginalspalte werden die Arbeitsgrundlagen (Kopiervorlagen, Seitenangaben) und die vorgeschlagenen Sozialformen genannt. – Zitiert wird nach der **Textausgabe** aus der Reihe **»Schroedel Lektüren«**.

Den Abschluss der Module bilden jeweils eine Aufgabe zum **Aufsatztraining** und ein **Klausurvorschlag.**

Ein wesentlicher zweiter Teil zu jedem der Behandlungsvorschläge sind die sich anschließenden Kopiervorlagen für **Arbeitsblätter**. Sie eignen sich sowohl zur Verwendung im Unterricht als auch für Hausaufgaben. Alle angesteuerten Unterrichtsziele können über sie vorbereitet oder mit ihnen abgesichert werden.

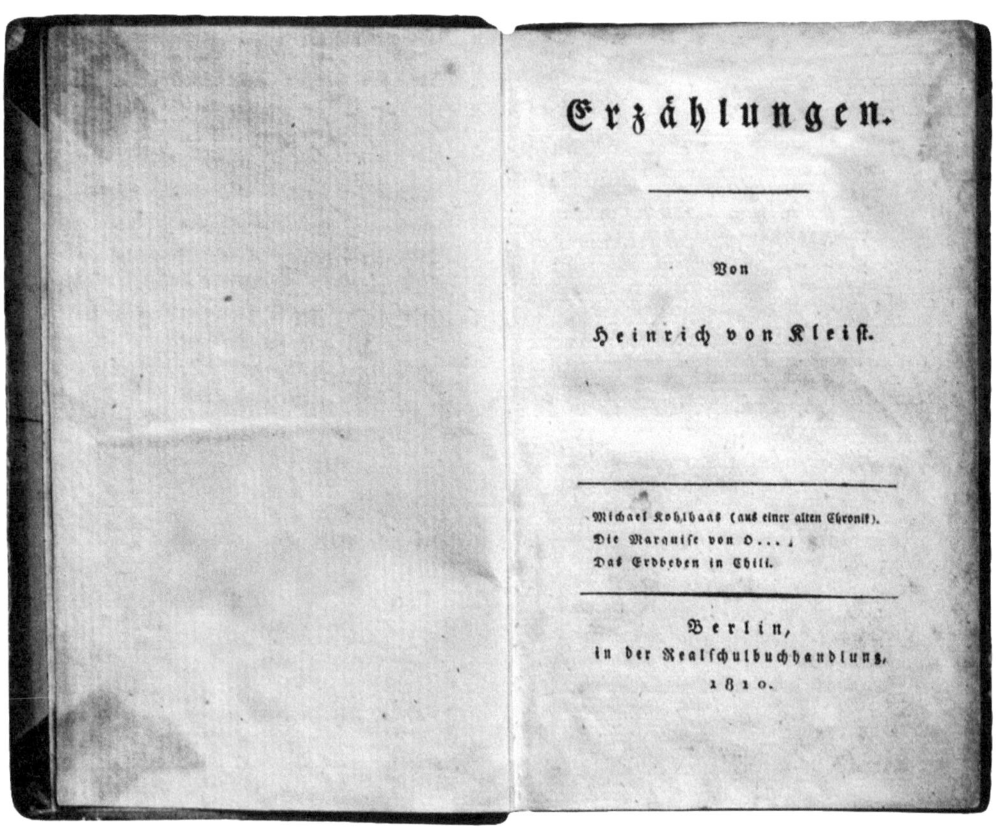

Innentitel der Erstausgabe von Band 1 (1810) der »Erzählungen« von Heinrich von Kleist (1777–1811)

Übersicht über die Module

»Die Marquise von O …«

Modul 1 Annäherungen an die Novelle
(S. 19–21)

	Arbeitsgrundlagen	Kompetenzen
1. Die Erschließung des ersten Absatzes .... S. 19	Kopiervorlage (KV) S. 43 Novellentext	Die Schülerinnen und Schüler (nachfolgend: die Schüler) … • *verstehen die verschiedenen Formen der Anonymisierung erfundener Geschehnisse und erkennen das sozial Besondere an dem »Marquise«-Fall.*
2. Andere Nachrichten von mysteriösen Schwangerschaften .... S. 21	KV S. 44	

Modul 2 Der Missbrauch der Marquise durch den russischen Grafen
(S. 22–25)

	Arbeitsgrundlagen	Kompetenzen
1. Analyse des zweiten Absatzes .... S. 22	Novellentext	Die Schüler … • *beurteilen den Missbrauchsvorgang anhand der Modeverhältnisse der Handlungszeit und erkennen an einem aktuellen Strafrechtsfall Bezüge zur Gegenwart.*
2. Zwei unumgängliche Voraussetzungen für den erzählten Vorgang ...... S. 22	KV S. 45	
3. Die Verkennung dieser Verhältnisse in Illustration und Film .... S. 23	KV S. 45 KV S. 46 KV S. 47 Novellentext u. Abbildungen	
4. Wie glaubhaft ist die Ahnungslosigkeit der Marquise? .... S. 24	KV S. 47 Novellentext und Berichte von einem Strafprozess	

Modul 3 Der Handlungsablauf
(S. 26–32)

	Arbeitsgrundlagen	Kompetenzen
1. Spielerische Überprüfung der Textkenntnis .... S. 26	KV S. 48–49 Novellentext	Die Schüler … • *setzen sich mit dem Verhalten der Hauptpersonen auseinander, überprüfen es auf seine Plausibilität und vergleichen es mit dem Verhalten bei einem ähnlichen Vorfall heute.*
2. Der Graf .... S. 26	KV S. 50 Novellentext	
3. Die Marquise .... S. 27	KV S. 51–52 Novellentext	
4. Vater und Mutter der Marquise .... S. 30	KV S. 53–54 Novellentext	
5. Aktuelle Bezüge .... S. 32	KV S. 54 Novellentext u. Pressemeldung	

		Arbeitsgrundlagen	Kompetenzen
Modul 4 (S. 33–34)	**Das Verkanntsein als Thema der Novelle und als Kleists Lebensproblem**		
	1. Die Thematik des Verkanntseins .... S. 33	KV S. 55 Novellentext	Die Schüler ... • *erfassen den Zusammenhang, der zwischen der Missverstehens-Thematik der Novelle und Kleists Lebenserfahrungen besteht.*
	2. Die Verbindung zu Kleists Lebensproblem .... S. 34		
Modul 5 (S. 35–36)	**Die sprachlichen Besonderheiten**		
	1. Indirekte Rede .... S. 35	KV S. 56 Novellentext	Die Schüler ... • *verdeutlichen sich am Beispiel der indirekten Rede das Typische an Kleists Erzählstil und erörtern die Problematik bestimmter Übertreibungen.*
	2. Übertreibungen .... S. 36	KV S. 56 Novellentext	
Modul 6 (S. 37–40)	**Aufsatztraining**		
	1. Die Ausgestaltung des zeitraffenden Schlusses der Novelle .... S. 37	KV S. 57 Novellentext	Die Schüler ... • *nehmen das Geschehen in einer anderen Perspektive wahr und setzen sich so selbstständig mit ihm auseinander.*

»Das Erdbeben in Chili«

		Arbeitsgrundlagen	Kompetenzen
Modul 1 (S. 59–62)	**Annäherungen an die Novelle**		
	1. Die behauptete Historizität .... S. 59	Novellentext	Die Schüler ... • *erschließen sich den historischen Handlungshintergrund der Novelle und erfassen Kleists Intention.*
	2. Die Gegenwärtigkeit schwerer Erdbeben im 18. Jahrhundert .... S. 62	Novellentext	

		Arbeitsgrundlagen	Kompetenzen
Modul 2 (S. 63–70)	**Der Handlungsablauf**		
	1. Spielerische Überprüfung der Textkenntnis .... S. 63	KV S. 82–83 Novellentext	Die Schüler ... • *betrachten die einzelnen Handlungsabschnitte und verstehen ihren gedanklichen Zusammenhang.*
	2. Erster Teil: Das Geschehen bis zum Wiedersehen des Paares im Tal .... S. 63	KV S. 84 KV S. 85 KV S. 86 Novellentext	
	3. Zweiter Teil: Der Aufenthalt im Tal .... S. 66	Novellentext	
	4. Dritter Teil: Der Kirchenbesuch .... S. 68	KV S. 87 Novellentext	
	5. Der Schlusssatz .... S. 70	KV S. 88 Novellentext	
Modul 3 (S. 71–76)	**Gestalterische und sprachliche Elemente**		
	1. Die szenische Gestaltung .... S. 71	KV S. 89–90 Novellentext	Die Schüler ... • *analysieren die besondere Gestaltungsweise einer Reihe von Szenen und erkennen ihren erzählerischen Zweck.*
	2. Die bedeutsamen Aufzählungen .... S. 74	KV S. 91 Novellentext	
Modul 4 (S. 77)	**Die weltanschauliche Ebene und die Verbindung zu Kleists Lebensgefühl**		
	1. Die weltanschauliche Ebene .... S. 77	KV S. 92–93 Novellentext	Die Schüler ... • *ordnen Kleists Novelle einer weltanschaulichen Debatte des 18. Jahrhunderts zu und verstehen sein eigenes Verhältnis zu ihr.*
	2. Die Verbindung zu Kleists Lebensgefühl .... S. 77	KV S. 94–95 Novellentext	
Modul 5 (S. 78–79)	**Aufsatztraining**		
	1. Erörterung des religionskritischen Aspekts der Novelle .... S. 78	Novellentext	Die Schüler ... • *erörtern unter einem vorgegebenen Gesichtspunkt eine bestimmte Verstehensweise der Novelle und erschließen sich eine eigene Bewertung.*

Da ging ich, in mich gekehrt, durch das gewölbte Tor, sinnend zurück in die Stadt. Warum, dachte ich, sinkt wohl das Gewölbe nicht ein, da es doch keine Stütze hat? Es steht, antwortete ich, weil alle Steine auf einmal einstürzen wollen – und ich zog aus diesem Gedanken einen unbeschreiblich erquickenden Trost, der mir bis zu dem entscheidenden Augenblick immer mit der Hoffnung zur Seite stand, daß auch ich mich halten würde, wenn alles mich sinken lässt.

Kleist am 16. November 1800 an seine Verlobte Wilhelmine von Zenge

Der Boden wankte unter seinen Füßen, alle Wände des Gefängnisses rissen, der ganze Bau neigte sich, nach der Straße zu einzustürzen, und nur der, seinem langsamen Fall begegnende, Fall des gegenüberstehenden Gebäudes verhinderte, durch eine zufällige Wölbung, die gänzliche Zubodenstreckung desselben.

Kleist im »Erdbeben in Chili«

Die hier verwendete Radierung von Fritz Schwimbeck (1889–1972) zu Kleists Novelle »Erdbeben in Chili« ist ursprünglich in der Ausgabe des Verlages Morawe & Scheffelt erschienen (Berlin 1920).

Fachliche Orientierung

1. Entstehung

Jahr	Ereignis
Mai 1805	Kleist, mit 28 Jahren noch immer ohne berufliche Perspektive, erhält durch Vermittlung seiner Verwandten Marie von Kleist ein Anstellung an der Staatlichen Domänenkammer (Grundstücksverwaltung) in Königsberg. Er findet aber auch Zeit für seine literarischen Vorhaben und beendet vermutlich im Sommer 1806 die Novelle »Das Erdbeben in Chili«.
Oktober 1806	Preußen erklärt Napoleon den Krieg, Berlin wird von den Franzosen besetzt, die staatliche Ordnung löst sich auf. Kleist, ohnehin schon beurlaubt, sieht für sich in Königsberg keine Zukunft und macht sich im Januar 1807 mit mehreren preußischen Offizieren zu Fuß auf den Weg nach Berlin.
Februar 1807	In Berlin wird er von französischen Soldaten wegen des Verdachtes der Spionage festgenommen und als Kriegsgefangener nach Fort de Joux (Französisches Jura-Gebirge) und anschließend nach Châlons-sur Marne gebracht (heute Châlons-en-Champagne, etwa auf halbem Weg zwischen Saarbrücken und Paris gelegen).
März bis Juli 1807	Auch in Gefangenschaft kann Kleist weiter schreiben. Freunde veröffentlichen in Dresden als zweites Werk (nach der 1803 erschienenen Tragödie »Die Familie Schroffenstein«) das Drama »Amphitryon«, das ebenfalls schon 1803 entstanden war. Vermutlich noch in der Gefangenschaft beendet Kleist »Die Marquise von O...«.
August 1807	Kleist trifft mit weiteren Dramenentwürfen in Dresden ein. »Das Käthchen von Heibronn« und »Penthesilea« werden in den Folgemonaten abgeschlossen.
10.–15. September 1807	Im Tübinger »Morgenblatt für gebildete Stände« erscheint als drittes von Kleist veröffentlichtes Werk »Das Edbeben in Chili«, hier noch unter dem Titel »Jeronimo und Josephe. Eine Scene aus dem Erdbeben zu Chili, vom Jahr 1647«. Kleists Freund Otto August Rühle von Lilienstern hatte das Manuskript aus Ostpreußen mitgenommen und dem Verleger Cotta zum Druck angeboten.
Februar 1808	In der zweiten Nummer des »Phöbus«, einem »Journal für die Kunst«, das Kleist zusammen mit dem Philosophen und Staatstheoretiker Adam Heinrich Müller (1779–1829) in Dresden herausgibt, wird »Die Marquise von O...« veröffentlicht. (Die Zeitschrift erscheint nur ein Jahr lang.)
September 1810	Die Realschulbuchhandlung von Georg Andreas Reimer in Berlin veröffentlicht den ersten Band von Kleists »Erzählungen«, der »Michael Kohlhaas«, »Die Marquise von O...« und »Das Erdbeben in Chili« enthält. Diese Anordnung ist für alle späteren Ausgaben maßgebend geworden, obwohl sie die Entstehungsfolge umkehrt. Gegenüber den Erstdrucken weisen die Buchfassungen ein paar kleine Änderungen auf, doch für das Verständnis der Texte haben sie keine Bedeutung.

2. Hinweise zur literarischen Einordnung Kleists

Heinrich von Kleist (1777–1811) wird in der deutschen Literaturgeschichte als Einzelerscheinung wahrgenommen. Zu den »Klassikern« gehört er nicht, nicht hauptsächlich, weil Goethe ihn abgelehnt hat, sondern weil er eine ganze Generation jünger ist. Zu den Romantikern rechnet man ihn aber auch nur bedingt. Er stand mit niemandem aus dieser Literaturströmung in näherer Verbindung, nicht mit Novalis oder den Brüdern Schlegel, nur beiläufig mit Achim von Arnim und Clemens Brentano und erst recht nicht mit E. T. A. Hoffmann oder Eichendorff, weil diese erst nach seinem Tod öffentlich in Erscheinung traten. Er kannte aber auch die subjektzentrierte Philosophie von Johann Gottlieb Fichte nicht, die das weltanschauliche Fundament der Frühromantik wurde, es sei denn, er nahm sie in seiner sogenannten Kant-Krise missverstanden auf, und er beteiligte sich auch nicht am Sammeln von Volksliedern und Märchen.

Trotzdem gehört Kleist seiner ganzen Lebenssituation nach zur Generation der Romantiker. Die gemeinsame Erfahrung dieser Generation war, wie Henri Brunschwig in einer umfassenden Studie nachgewiesen hat, dass es in Preußen gegen Ende des 18. Jahrhunderts zu einer tiefen sozialen Verunsicherung kam. Ein starkes Bevölkerungswachstum in den Jahrzehnten zuvor, auf das der Staat nicht reagiert hatte, ließ jetzt eine Vielzahl junger Leute ohne Zukunftsaussichten dastehen, und die Niederlage gegen Napoleon, die zur weitgehenden Auflösung des staatlichen Handelns führte, verschärfte diese Krise noch. Die alten aufklärerischen Grundsätze von Vernunft, Mäßigung, Beharrlichkeit schienen erledigt zu sein. Man begann auf Wunder zu hoffen, spielte Lotto, setzte auf Ahnungen und Gefühle und war fasziniert von allem, was hintergründig und unerklärlich war.

Kleist hatte die ihm vorgegebene Militärlaufbahn zwar freiwillig aufgegeben, sich damit aber in dieselbe schwierige Lage gebracht, in der sich viele seiner Altersgenossen ohnehin befanden. Das Schweifende und Ungerichtete seiner Zukunftsgedanken zeigt ihn aber schon ganz als Romantiker. Im Juli 1801 schreibt er aus Paris an die ihm befreundete Adolfine von Werdeck (1772–1844): »Oder soll ich alle diese Fähigkeiten, und alle diese Kräfte und dieses ganze Leben nur dazu anwenden, eine Insektengattung kennenzulernen, oder einer Pflanze ihren Platz in der Reihe der Dinge anzuweisen? Ach, mich ekelt vor dieser Einseitigkeit! Ich glaube, dass Newton an dem Busen eines Mädchens nichts anderes sah, als seine krumme Linie, und dass ihm an ihrem Herzen nichts merkwürdig war, als sein Kubikinhalt. Bei den Küssen seines Weibes denkt ein echter Chemiker nichts, als dass ihr Atem Stickgas und Kohlenstoffgas ist.« So parodistisch das formuliert ist, es entspricht ganz der romantischen Einstellung, an dem vernünftig-aufgeklärten Weltbild kein gutes Haar zu lassen.

Einzelne romantische Elemente finden sich folglich auch in Kleists Dichtungen. Die telepathisch erfahrene Heiratsvorhersage für den Grafen vom Strahl und das Käthchen von Heilbronn ist ein solches Element, ebenso das Auftreten der mysteriösen Zigeunerin, die Michael Kohlhaas am Ende beisteht. Ganz der Romantik zuzurechnen ist die Erzählung »Die Heilige Cäcilie oder Die Gewalt der Musik«, in der vier singende Nonnen den Aachener Dom vor einer Verwüstung durch Bilderstürmer bewahren, oder das »Bettelweib von Locarno«, wo eine gekränkte Bettlerin so lange als Geist wiederkehrt, bis sich der Schuldige, »von Entsetzen überreizt«, in seinem Haus selbst verbrennt. Befasst man sich näher mit den romantischen Zügen in Kleists Werk, so stellt man allerdings fest, dass das Wunderbare bei ihm, anders als bei den Romantikern sonst, nie etwas Tröstliches hat, sondern dass es die Welt und das Leben immer nur noch unverständlicher macht.

Im »Erdbeben in Chili« und in der »Marquise von O…« gibt es jedoch keine romantischen Elemente, es sei denn, man wollte die unverstandene Schwangerschaft der Marquise so deuten. Doch da sie für den Leser von Anfang an nicht geheimnisvoll ist, entfällt alles Romantische daran. Wie ein Romantiker an einen solchen Stoff herangehen konnte, lässt sich an E. T. A. Hoffmanns Erzählung »Das Gelübde« (1817) studieren. Sie handelt von einer stets verhüllt auftretenden Frau mit einem kleinen Kind, von der man nach und nach erfährt, dass sie nach einer mysteriösen Hochzeitsnacht mit ihrem Geliebten sich niemandem mehr zeigen will, weil der Geliebte noch in derselben Nacht als Soldat gefallen ist. Die Hochzeitsnacht gab es zwar, doch der Mann war der jüngere Vetter des Geliebten, der sich eine Halluzination der Frau zunutze gemacht und sie statt seiner umarmt hatte. Die Frau stirbt im Wahnsinn, das entführte Kind stirbt auch und der männliche Übeltäter geht ins Kloster. Die mehrfach verrätselte Geschichte legt ein Geheimnis über das andere und reduziert sich für den Leser auf das romantische Vorkommnis, dass eine Frau mit ihrem Geliebten eine vermeintliche Hochzeitsnacht feiert, während dieser gerade auf dem Schlachtfeld stirbt.

Wie himmelweit Kleists Novellen von solchen schaurig-schönen Erfindungen entfernt sind, lässt sich auch noch mit dem »Findling« belegen. Auch hier hängt eine Frau einem fernen, weil verstorbenen Geliebten an, und ihr Adoptivsohn Nicolo, als er erkennt, dass er diesem ähnelt, nähert sich ihr in seiner Gestalt. Sie fällt in Ohnmacht, er beginnt sie zu missbrauchen, bis sein Adoptivvater ihn überrascht. Als sie an den Folgen dieses Vorfalles stirbt, geht der Vater hin, »stark, wie die Wut ihn machte«, und drückt dem in Liebe aufgezogenen Sohn »das Gehirn an der Wand ein«. Und so wie hier unterscheidet sich Kleist von der Romantik überall. Wo es für sie immer mehr auf »linde Trauer« und »leise Schauer« hinausläuft, wie es in Eichendorffs Gedicht »Der Abend« (1826) heißt, lässt er den Lesern die Haare zu Berge stehen.

3. Thematik und Inhalt der Novellen

Die beiden hier behandelten Novellen, ihrer ganzen Intention nach »realistisch«, geben Kleists Weltsicht in zwei markanten Ausformungen wieder: »Die Marquise von O…« handelt von der Unerkennbarkeit der Menschen untereinander und »Das Erdbeben in Chili« von der Unerkennbarkeit der Weltordnung überhaupt.

a) »Die Marquise von O…«

Das Thema der gegenseitigen Verkennung findet sich bei Kleist oft, im Erstlingsdrama »Die Familie Schroffenstein« wie im »Käthchen von Heilbronn«, in der »Penthesilea« wie im »Zerbrochnen Krug« und ebenso noch in der Erzählung »Die Verlobung in St. Domingo«. In der »Marquise von O…« nimmt es diese Form an:

Der Inhalt

Die verwitwete Marquise von O…, Tochter eines Festungskommandanten in Oberitalien während der Kriege gegen Napoleon, fällt bei der Eroberung der Festung in die Hände von russischen Soldaten, die sie vergewaltigen wollen. Da kommt ihr ein russischer Offizier zu Hilfe und bringt sie – vermeintlich – in Sicherheit. Als sie für kurze Zeit ohnmächtig wird, missbraucht er sie jedoch selbst, ohne dass sie es gewahr wird. Nach zwei oder drei Monaten beginnt sie zu bemerken, dass sie schwanger sein könnte, hält diese Empfindung aber für eine Einbildung. Als der Graf, von dem die Nachricht eingetroffen war, er sei tot, überraschend wieder auftaucht, ist sie glücklich, ihren Retter wiederzusehen, und auch bewegt, dass er ihr einen Heiratsantrag macht, versteht allerdings nicht, warum er diesem Antrag unter dunklen Andeutungen die äußerste Dringlichkeit gibt. Er geht so weit, die militärische Mission aufs Spiel zu setzen, in der er unterwegs ist, um auf der Stelle ihr Jawort zu erhalten. Schließlich verspricht sie ihm, sich bis zu seiner Rückkehr mit niemand anderem zu vermählen, damit er sich nicht ihretwegen eine dienstliche Bestrafung zuzieht.

In den Folgemonaten werden die Schwangerschaftsanzeichen so deutlich, dass man einen Arzt zu Rate zieht und auch noch eine Hebamme. Beide bestätigen der Marquise zu ihrem Entsetzen das Unerklärliche. Noch mehr belastet sie aber das Zerwürfnis mit ihren Eltern. Sie glauben ihr ihr Unwissen nicht und weisen sie aus dem Haus. Als der Graf nach einiger Zeit zurückkommt, bestürzt ihn diese Entwicklung auf das Äußerste. Er spürt die Marquise in dem Landgut auf, in das sie sich zurückgezogen hat, wagt ihr sein Vergehen aber wiederum nur so vorsichtig anzudeuten, dass sie ihn nicht anhören will. Sie hat sich nämlich bereits entschieden, den Vater des erwarteten Kindes mit einer Zeitungsanzeige zu suchen. Der Mann möge sich bei ihr melden, lässt sie verbreiten, sie sei bereit, ihn zu heiraten.

Als der Graf die Anzeige liest, sieht er nur noch den Ausweg für sich, selbst mit einer Anzeige zu antworten. Umgehend macht er öffentlich bekannt, der Gesuchte werde sich zu einer bestimmten Stunde im Haus ihrer Eltern einfinden. Für den Vater der Marquise ist dieser Anzeigenwechsel nur der letzte Beweis für ein abgekartetes Spiel, doch die Mutter traut ihrer Tochter so viel Hinterlist nicht zu. Sie fährt zu ihr hin und teilt ihr zur Prüfung mit, ein Hausangestellter habe die Vaterschaft eingestanden. Da die Marquise das vorgebliche Geständnis mit großer Erleichterung aufnimmt, wird klar, dass sie wirklich von der Ursache ihres Zustandes nichts weiß, und die Mutter versöhnt sich mit ihr. Ebenso überzeugt sie den Vater, und in einer tränenreichen Szene wird der Familienfrieden wiederhergestellt.

Zur genannten Stunde sind die Marquise und ihre Mutter wartend zur Stelle. Auf den Grafen ist die Marquise jedoch so wenig gefasst, dass sie an seine Rettungstat erst erinnert werden muss, bevor sie begreift. Sie gerät völlig außer sich, nennt ihn einen Teufel, besprengt die Eltern mit Weihwasser und will von ihrem Heiratsangebot nichts mehr wissen. Erst als der Vater einen Ehevertrag für sie aushandelt, in dem der Graf auf alle Rechte eines Ehemanns verzichtet, alle Pflichten aber auf sich nimmt, willigt sie in die Hochzeit ein. Bei der Trauung würdigt sie ihn keines Blickes, ebenso wenig bei der Taufe des Sohnes, und auch seine großzügigen Vermögensregelungen zu ihren Gunsten und zugunsten des Kindes stimmen sie nicht um. Erst nach Monaten, in denen die Eltern den Grafen mehr und mehr zu sich ins Haus ziehen, lenkt sie ein und erklärt sich nach einem Jahr schließlich bereit, ihm »um der gebrechlichen Einrichtung der Welt willen« (S. 53, Z. 20 f.) zu vergeben. Die Geburt weiterer Kinder zeigt die Aussöhnung an.

b) »Das Erdbeben in Chili«

Wird in der »Marquise von O…« das Sich-Verkennen und Sich-Missverstehen in einem guten Ende aufgelöst, so läuft es in der Tragikomödie »Amphitryon« auf einen grundsätzlichen Zweifel an einer gut eingerichteten Welt zu. Dass Gott Jupiter sich für die Frau des Feldherrn Amphitryon interessiert und sie, indem er dessen Gestalt annimmt, im Grunde missbraucht, kann niemanden erfreuen. Ein Gott, der seine Geschöpfe vorsätzlich so quälenden Missverständnissen aussetzt, kann kein guter Gott sein. Das ist allerdings noch die heidnische, nicht die christliche Gotteswelt. Grundsätzliche Zweifel an dieser sind das Thema der zweiten hier behandelten Novelle, des »Erdbebens in Chili«.

Der Inhalt

In St. Jago, der Hauptstadt von Chili, verliebt sich der Hauslehrer Jeronimo in seine Schülerin Josephe, Tochter einer der reichsten Familien, und knüpft ein Verhältnis mit ihr an. Es wird entdeckt und Josephe in ein Kloster verbannt. Dort gelingt es den beiden Liebenden, heimlich eine Nacht miteinander zu verbringen, und sie wird schwanger. Als sie am Fronleichnamstag an der Prozession teilnimmt, überkommen sie unglücklicherweise gerade beim Verlassen des Domes die Wehen, sodass der Verstoß gegen die Klosterregeln für alle Welt offensichtlich wird. Jeronimo kommt ins Gefängnis, sie wird zum Tode verurteilt und soll verbrannt werden, doch der Vizekönig wandelt die Strafe in eine Enthauptung um.

Am Tag der Hinrichtung, zu der sich eine große Zuschauermenge versammelt, sieht Jeronimo im Gefängnis für sich nur noch den Selbstmord als Ausweg. Doch gerade in dem Moment, als er sich aufhängen will, ereignet sich ein Erdbeben. Das Gefängnisgebäude stürzt ein, er kann sich befreien und gelangt an Bränden, Trümmern und Wassermassen vorbei aus der Stadt hinaus ins Freie. Er wirft sich auf die Erde und dankt Gott für seine Rettung, so sehr ihn gleichzeitig die Sorge um Josephe bekümmert. Er sucht vor der Stadt, wohin sich die Menschen geflüchtet haben, nach ihr, hört, sie sei hingerichtet worden, findet sie aber am Abend wohlbehalten mit ihrem Kind in einem nahen Tal. Wie sie berichtet, hatte sich der Hinrichtungszug mit den ersten Erdstößen aufgelöst. Sie war in das Kloster geeilt, wo ihr Kind bei der Äbtissin zurückgeblieben war, hatte es aus dem einstürzenden Gebäude bergen können und mit ihm den Weg in das Tal gefunden.

So, wie sie beide in dem Tal zur Ruhe kommen, scheint ihnen das ganze Erdbeben den Zweck gehabt zu haben, sie zu befreien und wieder zu vereinen. Alle, die ihrem Glück im Wege waren, erscheinen bestraft. Die Nonnen im Kloster sind von Gebäudeteilen erschlagen worden, der Erzbischof ist tot, der Gerichtshof abgebrannt und Josephes Elternhaus vollständig im Erdboden versunken. Ihr erster Plan ist, sich zur Küste durchzuschlagen und nach Spanien zu fliehen. Wegen der friedlichen Stimmung um sie her meinen sie schließlich aber, in der Nähe bleiben und den Vizekönig um eine Begnadigung bitten zu können.

Am nächsten Tag wird Josephe von einem vornehmen jungen Herrn, Don Fernando, gebeten, seinen Sohn mit zu stillen, weil seine Frau wegen ihrer Verletzungen nicht dazu in der Lage sei. Sie und Jeronimo schließen sich an diese Familie an und fühlen sich so in ihr geborgen, dass sie auch zu einem Gottesdienst mitgehen wollen, der in der stehengebliebenen Dominikanerkirche stattfinden soll. Eine Schwägerin Don Fernandos hat zwar Bedenken wegen der Bedrohtheit des Paares durch das noch immer gültige Todesurteil, aber sie werden von Don Fernando, der die Gruppe anführt und sich ritterlich um Josephe kümmert, nicht beachtet. Josephe nimmt sogar dessen Sohn noch mit, weil er inzwischen an sie gewöhnt ist. Jeronimo trägt ihren eigenen Sohn, den kleinen Philipp.

In der Kirche wartet eine riesige Menschenmenge andächtig auf den Beginn der Predigt. Der Chorherr jedoch dankt Gott nicht für das Überleben der Geretteten, sondern er wertet das Erdbeben als ein Strafgericht für die Sünden der Menschen. Dabei hebt er die Schändung des Klosterfriedens durch Jeronimo und Josephe eigens hervor. Schnell werden sie erkannt, und eine aufgehetzte Gruppe, angeführt von Josephes vormaligem Schuster, dringt auf sie ein. Don Fernando kann sie mit Hilfe eines Offiziers zwar noch aus der Kirche geleiten, doch draußen fällt die Meute mit Keulen über sie her. Jeronimo und Josephe werden erschlagen, eine mitgekommene Schwägerin Don Fernandos ebenso, und selbst eines der Kinder, die er beide mit dem Schwert in der Hand verteidigt, wird ihm entrissen und sein Schädel an einem Kirchenpfeiler zerschmettert. Es ist aber gerade nicht das Kind Josephes, sondern sein eigener Sohn, und so kann er seiner Frau nur ein fremdes Kind zurückbringen. Trotzdem scheint ihm, so wie er um dieses Kind gekämpft hat, sein Überleben fast ein Grund zur Freude zu sein.

Kann in dieser Novelle das bedrohte Paar das Erdbeben zunächst also wie ein Eingreifen Gottes zu seinen Gunsten verstehen, so muss es ausgerechnet durch einen Gottesdienstbesuch erfahren, dass dies nicht im Mindesten der Fall ist. Gottes Pläne sind niemals erkennbar, bedeutet das. Von einem Moment zum nächsten kann – wie ein Erdbeben – dem größten vermeintlichen Wohlwollen das genaue Gegenteil folgen. So radikal illusionslos wie hier hat Kleist dieses Thema in keinem anderen Werk behandelt. Nur in der Novelle »Der Findling« (1811) gelangt er noch einmal in die Nähe einer solchen Stimmung und lässt es sogar zu einer Revolte gegen den unverständlichen Willen Gottes kommen. Der Adoptivvater, der seinem Sohn das Gehirn an der Wand eingedrückt hat, soll hingerichtet werden, muss nach dem Gesetz zuvor aber das Abendmahl empfangen. Er weigert sich, weil er nicht in den Himmel kommen, sondern »in den untersten Grund der Hölle hinabfahren« will, um den Sohn dort wiederfinden und seine Rache an ihm vollenden zu können. Nachdem man die Hinrichtung wegen seines Stursinns dreimal nicht hat ausführen können, lässt ihn der Papst schließlich ohne Abendmahl aufhängen. Lieber ohne Gott zur Herstellung von Gerechtigkeit in der Hölle als bei einem ungerechten Gott im Himmel, lässt sich die Haltung des Adoptivvaters zusammenfassen.

4. Besonderheiten der Gestaltung

Abgesehen davon, dass der besondere Kleist'sche Erzählstil, dieses vorwärtstreibende, keine Frage zulassende Zusammendrängen von Sachverhalten, in beiden Novellen vorliegt, lassen sich hier wie dort unterschiedliche Gestaltungsmerkmale beobachten. In der »Marquise von O...« fallen die langen Passagen in indirekter Rede auf. Sie kürzen die Wortwechsel in der Form ab, dass alles, was in der direkten Rede an verbindenden Wendungen notwendig wäre, entfallen kann und nur der wesentliche Redeinhalt wiedergegeben wird. Hier lässt sich ganz praktisch aufzeigen, wie Kleist seine Texte verdichtet. Für das »Erdbeben in Chili« sind die grellen Übertreibungen in den knappen Einzelszenen kennzeichnend, jeweils nur auf einen Eindruck, eine Stimmung angelegt. Aber auch die emphatische Steigerung des Eindrucks durch Aufzählungen lässt sich an diesem Text beobachten.

Zu Fragen Anlass geben könnte der Bezeichnungswechsel zwischen »Erzählung« und »Novelle«. Allgemein üblich ist heute, Kleists Texte als Novellen zu bezeichnen, auch wenn er selbst den Begriff »Erzählungen« benutzt hat. Das erklärt sich so, dass zu seinen Lebzeiten der Begriff Novelle die spätere Bedeutung noch nicht angenommen hatte. Man verstand darunter kurz erzählte Begebenheiten, wie sie in den einhundert »Novellen« von Boccaccios »Dekameron« (um 1350) vorlagen, also kleine ›Neuigkeiten‹, die keiner besonderen Form folgen wollten. Erst in den 1820er-Jahren bildete sich der heutige Begriffssinn aus. Goethes 1828 erschienene »Novelle« wollte diesem Texttypus geradezu exemplarisch entsprechen. Die verschiedenen näheren Bestimmungen – »unerhörte Begebenheit« (Goethe), »Schwester des Dramas« (Storm), Geschichte mit einem ›Falken‹, also einer einzigen Sache, um die sich alles dreht (Heyse) – passen auf die seither als Novellen umlaufenden Texte aber keineswegs immer. Als überzeitliches gemeinsames Merkmal bleibt kaum mehr übrig als die »Erzählung mittlerer Länge«, wie ein Gemeinplatz unbestimmten Ursprungs für die Novelle ironisch lautet.

Von der Erzählung ist die Novelle im heutigen Begriffssinn aber doch zu unterscheiden. »Erzählung« meint mehr die lockere Reihung unterschiedlicher Begebenheiten, wie man es etwa von der Reiseerzählung kennt, während unter »Novelle« der Sonderfall verstanden wird, dass das Geschehen um einen einzigen Konflikt mit wenigen Personen kreist und der Konflikt gelöst wird. In diesem Sinne sind die meisten »Erzählungen« Kleist beispielhafte Novellen.

5. Wirkung

Kleists öffentliche Wahrnehmung setzte in größerem Umfang erst mit dem 20. Jahrhundert ein. Zwar fanden die meisten seiner Werke schon in den 1860er-Jahren Aufnahme in Reclams Universalbibliothek, aber die Theater spielten seine Stücke noch so gut wie gar nicht. Zum einhundertsten Todestag 1911 erschienen aber gleich mehrere große Biographien. Nach dem Ersten Weltkrieg kamen neben Gesamtausgaben immer mehr Einzeldrucke in Umlauf, für die Novellen weit voran »Michael Kohlhaas«, doch nicht wenige auch von der »Marquise von O…«. Bis heute gibt es an die zwanzig illustrierte Ausgaben dieser Novelle, mehr als doppelt so viele wie vom »Erdbeben in Chili«, aber doch nur ein Drittel der illustrierten »Kohlhaas«-Ausgaben.

Der Aufstieg Kleists zum »Klassiker« hat die übliche Umgestaltung seiner Werke in andere Darbietungsformen mit sich gebracht. Besonders die »Marquise von O…« mit ihrer psychischen Problematik erschien dafür geeignet. Der Stoff wurde zweimal verfilmt, er wurde 2011 in Monte Carlo als Oper aufgeführt, es gab Dutzende Theaterstücke nach ihm, aber auch ein Puppenspiel und parodistische Varianten. Die einzige unterrichtsgeeignete Umsetzung ist jedoch die Verfilmung von Éric Rohmer (1920–2010) von 1976 (102 Minuten). Besetzt mit den damaligen Stars der Berliner Schaubühne, bietet der Film das Äußerste an Genauigkeit, was einem erzählenden Text gegenüber möglich ist. Trotzdem, muss man sagen, wird der Film dem Texteindruck nicht gerecht. Da die Reden der Beteiligten allesamt in vollendeter Gefälligkeit vorgetragen werden und dazu das jeweilige Geschehen, bei Kleist oft nur einen Satz umfassend, opulent sich entfaltet, wirkt die Filmhandlung langsam, ja streckenweise behäbig. Von dem Tempo und der Entschlossenheit der Kleist'schen Darstellung bleibt nichts übrig. Ebenso trägt die Art der Ausstattung, liebevoll in jedem Detail, zu diesem Eindruck bei. Gezeigt wird nämlich ein durch und durch biedermeierliches Familienmilieu, so unmondän wie möglich, und gäbe es die unbegriffene Schwangerschaft nicht, wirkte jedes zweite Szenenbild wie eine Idylle. Gerade dieser Kontrast zu Kleist könnte aber Anlass geben, die Eigenart seiner Darstellungsweise genauer zu erfassen.

Screenshot aus dem Film »La Marquise d'O …« (1976) von Éric Rohmer (1920–2010)

© 1976 – LES FILMS DU LOSANGE

Screenshot aus dem Film »La Marquise d'O ...« (1976) von Éric Rohmer (1920–2010)

Vom »Erdbeben in Chili« hat es ebenfalls eine Reihe von Bühnenbearbeitungen gegeben und schon 1975 auch eine Verfilmung. Soweit das Kritiken und Video-Ausschnitten zu entnehmen ist, kam es diesen Bearbeitungen allerdings weniger darauf an, die von Kleist erzählte Geschichte darzustellen, als bestimmte weltanschauliche Botschaften durch sie zu vermitteln. Vor allem scheint der Gegensatz zwischen dem harmonischen Zustand der Gesellschaft im Tal und der hemmungslosen Gewalt in der Stadt dabei interessiert zu haben. Welche Folgerungen von Fall zu Fall daraus gezogen worden sind, zum Beispiel 2011 bei Aufführungen in Dresden, Wiesbaden und Hamburg oder 2015 in Bern sowie 2016 in Frankfurt am Main, ist nicht leicht feststellbar, aber es ist zum Verständnis von Kleists Novelle auch schwerlich von Nutzen. Es beweist sich darin eigentlich nur die Not der Theater, für die aktuell gewünschten Aussagen auch aktuelle Stücke zu finden. Dagegen wäre allein nichts zu sagen. Meistens ist es nur leider so, dass die Befrachtung der »Klassiker« mit solchen Aussagen das Verständnis der alten Werke erschwert und andererseits die Botschaften auch nicht überzeugen.

Das gilt jedenfalls für den Film »Das Erdbeben in Chili« von Helma Sanders-Brahms (1940 bis 2014). 1975 für das ZDF produziert, nimmt er in einem unspezifischen spanischen Kolorit die Handlung um das Erdbeben halbwegs ähnlich auf, verbindet sie aber mit einer Bezichtigung aller möglicher gesellschaftlicher Erscheinungen. Die spanischen Opfer des Erdbebens drangsalieren die gleichfalls Opfer gewordenen Indios auf das Scheußlichste, haben aber auch Freude daran, das zum Sündenbock gemachte Liebespaar sterben zu sehen. Die einzige rein positive Figur ist Josephe, eine »überlebensgroße Märtyrerin der Leidenschaft und Mutterschaft«, an die auch ihr Liebhaber nicht heranreicht. Diesen stellt der Film, wie der »Spiegel« kritisierte, »als faden, intellektuell phantasierenden Schönling dar, der erst aktiv wird, wenn ihn eine kräftige weibliche Hand packt« (Siegfried Schober in: »Der Spiegel«, Nr. 13 / 1975, S. 145). Ebenso ist Don Fernando nicht Kleists »göttliche[r] Held« (S. 74, Z. 23), sondern ein kühl kalkulierender Geschäftsmann, der seinen Vorteil in der Verteidigung des Liebespaares sucht.

Da der Film auf Deutsch im Videohandel nicht vertrieben worden ist, stehen Kopien zum Leihen kaum zur Verfügung. Es ist dies aber auch kein Verlust. Aus einem Vergleich lässt sich nur dann etwas gewinnen, wenn man nicht ausschließlich Unterschiede festzustellen hat, und eben darauf liefe es hier hinaus.

Literaturverzeichnis

Aufgenommen ist ausschließlich die zitierte Literatur. Die weit umfangreichere Titelanzahl, auf der die Gesamtkenntnis der behandelten Thematik beruht, kann hier vernachlässigt werden. Bereits die Literaturverzeichnisse in den beiden Reclam-Bändchen (»Erläuterungen und Dokumente«) von Hedwig Appelt und Dirk Grathoff bzw. von Sabine Doering zu den behandelten Novellen bieten genügend weiterführende Literaturhinweise.

Primärtexte

KLEIST, HEINRICH VON: Die Marquise von O... Das Erdbeben in Chili. Braunschweig: Schroedel Verlag 2015. (Schroedel Lektüren, ISBN: 978-3-507-69985-4). – Nach dieser Ausgabe wird in diesem Heft zitiert.

KLEIST, HEINRICH VON: Sämtliche Werke und Briefe. Hrsg. von HELMUT SEMDNER. 2 Bände. München: Carl Hanser Verlag 1984, 1993 (als »Zweibändige Ausgabe in einem Band«: München: Deutscher Taschenbuch Verlag 2001)

KLEIST, HEINRICH VON: Sämtliche Erzählungen, Anekdoten, Gedichte, Schriften. Hrsg. von KLAUS MÜLLER-SALGET. Frankfurt am Main: Deutscher Klassiker Verlag 2005 (Deutscher Klassiker Verlag im Taschenbuch, Band 5)

Weitere verwendete Literatur

APPELT, HEDWIG und DIRK GRATHOFF: Heinrich von Kleist: Das Erdbeben in Chili. Erläuterungen und Dokumente. Stuttgart: Reclam Verlag 1986, 2004 (zitiert als: ED)

BLUME, BERNHARD: Kleist und Goethe. In: Heinrich von Kleist: Aufsätze und Essays. Hrsg. von WALTHER MÜLLER-SEIDEL. Darmstadt: Wissenschaftliche Buchgesellschaft 1967, S. 130–185

BOURKE, THOMAS E.: Vorsehung und Katastrophe. Voltaires »Poème« und Kleists »Erdbeben«. In: Klassik und Moderne. Walther Müller-Seidel zum 65. Geburtstag. Hrsg. von KARL RICHTER und JÖRG SCHÖNERT. Stuttgart: Verlag J. B. Metzler 1983, S. 228–253

BRUNSCHWIG, HENRI: Gesellschaft und Romantik in Preußen im 18. Jahrhundert. Die Krise des preußischen Staates am Ende des 18. Jahrhunderts und die Entstehung der romantischen Mentalität. Frankfurt am Main / Berlin: Ullstein Verlag 1976

DOERING, SABINE: Heinrich von Kleist. Die Marquise von O... Erläuterungen und Dokumente. Stuttgart: Reclam Verlag 1993, 2004 (zitiert als: ED)

FONTANE, THEODOR: Unveröffentlichte Aufzeichnung zu Kleists »Marquise von O...« von 1872. Zitiert nach: DOERING (ED), S. 68 f.

HARLOS, DIETER: Die Gestaltung psychischer Konflikte einiger Frauengestalten im Werk Heinrich von Kleists. Alkmene, Die Marquise von O..., Penthesilea, Käthchen von Heilbronn. Frankfurt am Main: Peter Lang Verlag 1984

HORN, PETER: Heinrich von Kleists Erzählungen. Königstein i. Ts.: Scriptor Taschenbücher 1978

KANT, IMMANUEL: Geschichte und Naturbeschreibung der merkwürdigsten Vorfälle des Erdbebens, welches an dem Ende des 1755sten Jahres einen großen Teil der Erde erschüttert hat. In: IMMANUEL KANT: Gesammelte Schriften. Abteilung 1, Band 1. Berlin 1910, S. 456. Zitiert nach: APPELT und GRATHOFF (ED), S. 75

KITTLER, FRIEDRICH A.: »Das Erdbeben in Chili« und Preußen. In: DAVID A. WELLBERY (Hrsg.): Positionen der Literaturwissenschaft. Acht Modellanalysen am Beispiel von Kleists »Das Erdbeben in Chili«. 5. Auflage. München: Verlag C. H. Beck 2007, S. 24–38

NEVERMANN, FRIEDRICH THEODOR: Alonzo und Elvira oder das Erdbeben von Lissabon. Dramatisch geschildert. Hamburg 1795

OELLERS, NORBERT: »Das Erdbeben in Chili«. In: Kleists Erzählungen. Hrsg. von WALTER HINDERER. Stuttgart: Reclam Verlag 1998, S. 85–107

Rousseau, Jean-Jacques: Abhandlung über den Ursprung und die Grundlagen der Ungleichheit unter den Menschen (1755). Übersetzt und herausgegeben von Philipp Rippel. Stuttgart: Reclam Verlag 2010

Rousseau, Jean-Jacques: Brief an Herrn von Voltaire (1756). Zitiert nach: Appelt und Grathoff (ED), S. 57–65

Rousseau, Jean-Jacques: Julie oder Die neue Héloïse (1761). Zitiert nach: Doering (ED), S. 42

Schlegel, Friedrich: Lucinde (1799). In: Friedrich Schlegel: Kritische Ausgabe. Band 5. München und Paderborn: Ferdinand Schöningh Verlag 1962

Schmidt, Jochen: Heinrich von Kleist: Die Dramen und Erzählungen in ihrer Epoche. 2. Auflage. Darmstadt: Wissenschaftliche Buchgesellschaft 2009

Schober, Siegfried: Mit Marx und Kitsch [Über den Fernsehfilm »Das Erdbeben in Chili« von Helma Sanders-Brahms). In: Der Spiegel 13/1975

Seiler, Bernd W.: Die leidigen Tatsachen. Stuttgart: Klett-Cotta Verlag 1983

Sembdner, Helmut: Heinrich von Kleists Lebensspuren. Dokumente und Berichte der Zeitgenossen. München: Carl Hanser Verlag sowie Deutscher Taschenbuch Verlag 1996

Silz, Walter: Das Erdbeben in Chili. In: Heinrich von Kleist. Wege der Forschung. Hrsg. von Walther Müller-Seidel. Darmstadt: Wissenschaftliche Buchgesellschaft 1967

Stierle, Karlheinz: Das Beben des Bewusstseins. Die narrative Struktur von Kleists Erdbeben in Chili. In: David A. Wellbery (Hrsg.): Positionen der Literaturwissenschaft. Acht Modellanalysen am Beispiel von Kleists »Das Erdbeben in Chili«. 5. Auflage. München: Verlag C. H. Beck 2007, S. 54–68

Voltaire: Poème sur le desastre de Lisbonne (1756). In: Voltaires Werke in zeitgemäßer Auswahl. 12 Theile in drei Bänden. Deutsch von A. Elissen. Band 1.1 Leipzig: Wigand Verlag 1844/45

Wiese, Benno von: Die deutsche Novelle von Goethe bis Kafka. Band 2. Düsseldorf: Bagel Verlag 1962

Wilk-Mincu, Barbara: Kleists »Marquise von O…« in der Bildenden Kunst. In: Heilbronner Kleist-Blätter 18 (2006), S. 11–81

Zantop, Susanne M.: Kolonialphantasien im vorkolonialen Deutschland 1770–1870. Berlin: Erich Schmidt Verlag 1999

Holzschnitt von Paul Helms (1884–1961) zu Heinrich von Kleists Novelle »Die Marquise von O…«.
Aus: »Zucht und Freiheit. Erzählungen von Heinrich von Kleist«, Hamburg (Deutsche Hausbücherei) 1934

»Die Marquise von O...«

Modul 1
Annäherungen an die Novelle

Die erste Annäherung der Schülerinnen und Schüler (im Folgenden: Schüler) erfolgt über eine genaue Erschließung des ersten Absatzes sowie über eine knappe Beschäftigung mit dem Hauptmotiv der Novelle. Die Schüler haben die Novelle zu diesem Zeitpunkt bereits einmal vollständig gelesen.

1. Die Erschließung des ersten Absatzes

Einer oder mehrere Schüler könnten im Vorfeld die zusätzliche Aufgabe erhalten, den Novellenanfang vor der Klasse vorzulesen.

Arbeitsaufträge

- Was enthält der erste Absatz (S. 5 bis S. 6, Z. 6) an Informationen?
  Vgl. auch die Arbeitsaufträge auf dem Arbeitsblatt (S. 43).

Kopiervorlage
→ Seite 43

Erwartungen

Novellentext
(Seiten 5 f.)

Einzel- und Partnerarbeit

Präsentation der Ergebnisse und Unterrichtsgespräch

- Der erste Absatz enthält bereits alles, was von der Geschichte öffentlich wahrgenommen worden ist: Eine Marquise von O... hat in mehreren (!) italienischen Zeitungen eine Anzeige aufgegeben, dass sie ohne ihr Wissen schwanger geworden sei und den Vater des Kindes kennenlernen möchte. Sie sei bereit, ihn zu heiraten. Den »Spott der Welt« (S. 5, Z. 8) nimmt sie in Kauf, da sie sich ja zu erkennen geben muss, um für den gesuchten Mann identifizierbar zu sein.

Kleist in seiner 1808 in der Zeitschrift »Phöbus« veröffentlichten Erzählung gibt ihre Identität jedoch nicht preis. Er nennt sie nur die Marquise von O... und bezeichnet sie als die Witwe eines vor mehreren Jahren tödlich verunglückten Marquis von O..., also eines ›Markgrafen‹, dessen politische Funktion aber nicht berührt wird. Später wird noch gesagt, dass sie mit Vornamen »Julietta« (S. 10, Z. 20) heißt. Warum sie keine »Marchesa« ist, wie die italienische Form lauten müsste, wird nicht erklärt.

Ebenso sind alle weiteren Angaben verschlüsselt: Ihr Vater ist ein »Herr von G...«, Kommandant der »Zitadelle bei M...« (S. 5, Z. 10 und 11), und »M...« lediglich als eine »bedeutende Stadt im oberen Italien« (Z. 1) gekennzeichnet. Ebendort besitzt die Marquise auch einen Landsitz »bei V...« (Z. 16 f.). Offen genannt werden nur zwei Reiseziele, Paris für eine Reise des Gatten (vgl. Z. 13–15) und Neapel für eine des Grafen (vgl. vor allem S. 13, Z. 16–26, S. 14, Z. 12, S. 16, Z. 12, S. 17, Z. 4, S. 24, Z. 8 und S. 33, Z. 26 f.). Als Reiseorte und Großstädte können sie genannt werden, ohne dass über diese Angaben jemand zu identifizieren ist.

Nicht so unbestimmt bleibt die Zeit des Geschehens: Der Vorfall hat sich ereignet, während »der ... Krieg [...] die Gegend umher« – also Oberitalien – »mit den Truppen fast aller Mächte und auch mit russischen erfüllte« (S. 5, Z. 21–23). Für die erste Lesergeneration konnte das nur den Sommer 1799 meinen, als eine Koalition aus englischen, österreichischen, russischen und anderen Truppen versuchte, Napoleon aus dem von ihm besetzten Oberitalien wieder zu vertreiben. Das gelang in diesem »Zweiten Koalitionskrieg« auch für kurze Zeit, doch schon im September 1799 gewannen die Franzosen die Vorherrschaft in der Region zurück. Die Russen verließen Italien wieder und schieden bald darauf aus der Koalition gegen Frankreich aus. – Auch die militärische Mission, in der der russische Graf für einige Wochen nach Neapel beordert wird, nimmt diesen Zeithintergrund auf. Nachdem Neapel kurzzeitig eine französisch geprägte Republik geworden war, konnte im Juni 1799 die alte Herrscherfamilie unter dem Schutz der alliierten Truppen in die Stadt zurückkehren. Dass Kleist trotzdem nur von dem »... Krieg« (S. 5, Z. 21) spricht, hat wohl nur mit der Unbenanntheit der Kriegsphasen in der damaligen Zeit selbst zu tun.

Warum aber diese Undeutlichkeit bei einem doch weitgehend öffentlich verankerten Geschehen? Das haben sich schon Zeitgenossen gefragt.

Der Offizier und Autor Karl August Varnhagen von Ense (1785–1858) schrieb am 4. April 1808 an Friedrich de la Motte Fouqué (1777–1843), Verfasser erfolgreicher Ritterdichtungen, »Kleists Erzählung von der Markise« habe ihm »wohl gefallen«, sie sei »geschickt und gebildet, aber – das ist wichtig – gebildet wie die Erzählung eines Weltmanns, nicht gebildet wie die eines Dichters«: »Der große Cervantes würde nimmer sagen: in dem ......Kriege, ein Oberst der ......Truppen, bei der Erstürmung von M......, die Marquise von O... O über den ekelhaften Kerl, der als Dichter ordentlich an sich halten will und beileibe nicht die ganze Welt enthüllen mag, in der seine Gestalten leben!« (Zitiert nach: Doering, ED, S. 59)

Varnhagen scheint zu meinen, dass sich Kleist mehr Mühe mit der Ausgestaltung von Zeit und Ort hätte machen müssen, damit auch die »Welt« um seine Gestalten herum für den Leser vorstellbar wird. Aber auch Kleist hat die Namensverbergung wohl für nicht ganz richtig gehalten. In der Inhaltsübersicht des »Phöbus«-Heftes von 1808 wird der Titel »Die Marquise von O...« noch ergänzt um den Hinweis: »nach einer wahren Begebenheit, deren Schauplatz vom Norden nach dem Süden verlegt worden« (vgl. S. 77).

Das konnte nur heißen: Alle Angaben zu dem Vorfall sind fingiert. Die Geschichte hat sich gar nicht in Oberitalien abgespielt, sondern »im Norden«, also wohl eher während des »Dritten Koalitionskrieges« gegen Napoleon in den Jahren 1805 bis 1807. Die Namen wären folglich unterdrückt worden, damit in Italien niemand zu Unrecht mit dem erzählten Geschehen in Verbindung gebracht werden konnte.

In der zweiten Drucklegung, von Kleist selbst noch veranlasst, dem 1810 erschienenen ersten Band seiner »Erzählungen«, fehlt der Hinweis auf die ›Verlegung‹ jedoch. Das wiederum konnte heißen, dass sich die Geschichte doch 1799 in Oberitalien zugetragen hatte. Wirklich plausibel ist diese Vermutung allerdings nicht. Durch die genannten Zeitungsanzeigen wäre die Öffentlichkeit ja bereits informiert gewesen. Zumindest in Kreisen des Adels wüsste man folglich, welche verwitwete Marquise den Vater ihres Kindes per Zeitungsanzeige gesucht hatte und welcher russische Offizier ihr Ehemann wurde. Auch dass noch eine »Reihe von jungen Russen« (S. 53, Z. 26) aus der Ehe hervorgegangen ist, wäre als Indiz verwendbar gewesen.

Holzschnitt von Hans Pape (1894–1970) in der Ausgabe der »Marquise von O...« der Buchdruckerei der Gebr. Mann, Berlin 1928

Das Fazit der Analyse des ersten Absatzes kann deshalb nur sein: Die Geschichte ist erfunden. Sie soll durch die geheimnisvoll wirkenden Abkürzungen nur wahr aussehen. Wahrheitsbeteuerungen wie diese kamen in der Literatur des 18. und frühen 19. Jahrhunderts relativ oft vor. Das Publikum sollte an ein tatsächliches Vorkommnis wenigstens glauben können. Anders als heute, wo umgekehrt oft noch versichert wird, alles sei erfunden und Ähnlichkeiten mit lebenden Personen zufällig, um Rechtsansprüchen vorzubeugen, brauchte man zu Kleists Zeiten solche Bedenken noch nicht zu haben.

2. Andere Nachrichten von mysteriösen Schwangerschaften

Die in Kleists Novelle geschilderte »sich ereignete unerhörte Begebenheit« (wie Goethes berühmte, 1827 in einem Gespräch mit Johann Peter Eckermann geäußerte Definition der Novelle lautet) ist gar nicht so singulär, wie sie beim ersten Lesen wirken mag. Das erkennen die Schüler im Zuge der Beschäftigung mit anderen Ausgestaltungen des Motivs.

Arbeitsauftrag

- vgl. den Arbeitsauftrag auf dem Arbeitsblatt (S. 44)

Kopiervorlage
→ Seite 44

Novellentext

Einzelarbeit

Vergleich der Ergebnisse in Kleingruppen

Diskussion im Plenum

Erwartungen

- Zur Glaublichkeit des von Kleist geschilderten Falls trug bei, dass Mitteilungen über mysteriöse Schwangerschaften damals auch in anderen Erzählungen in Umlauf waren; über die beiden auf der Kopiervorlage dokumentierten Beispiele hinaus lassen sich noch weitere Belege anführen:

So erhält Goethe 1807 einen Bericht über einen solchen Fall aus Heidelberg. Der Philosophieprofessor Weidenbach habe seine aus Süddeutschland stammende Verlobte wegen unerklärlicher Unterleibsbeschwerden zur Behandlung nach Heidelberg geholt, wird ihm mitgeteilt, wo sie nach einigen Wochen entgegen aller ärztlichen Befunde einen gesunden Jungen zur Welt gebracht habe. Auf Befragen des Bräutigams habe sie sich an eine Schäferstunde mit einem französischen Offizier bei der Belagerung von Ulm erinnert. Der Professor habe ihr den Fehltritt aber verziehen und werde sie heiraten. Der Fall hätte in Heidelberg, zumal wegen der ärztlichen Fehldiagnosen, »viel Aufsehen gemacht«, heißt es in dem Brief. (Zitiert nach: Doering, ED, S. 33 f.)

In einer Berliner Zeitschrift von 1798 findet sich unter dem Titel »Gerettete Unschuld« eine Geschichte, in der ein reisender Kaufmann in einem Gasthaus nur in dem Raum unterkommen kann, in dem man die gerade verstorbene Wirtstochter aufgebart hat. Er vergeht sich an der vermeintlich Toten, doch sie kommt vor dem Begräbnis wieder zu sich und wird wegen der bald sich zeigenden Schwangerschaft, die sie nicht erklären kann, von ihrer Familie verstoßen. Jahre später kommt der Kaufmann erneut in die Stadt, sieht das ihm ähnliche Kind, erkennt die Frau und heiratet sie. (Zitiert nach: Doering, ED, S. 40 f.)

Die von Kleist erzählte Begebenheit war also nicht so ›aus der Welt‹, wie man heute meinen könnte. Der Unterschied allerdings: In allen diesen Fällen sind es einfache Leute, Menschen aus dem Volk, von denen erzählt wird. Warum lässt Kleist seine Geschichte im höheren Adel spielen? Man braucht sich nur zu fragen, wie sich ein solcher Konflikt zwischen einem Soldaten und einer Gastwirtstochter entwickelt hätte, um zu erkennen, dass die Erzählung dann einen ziemlich anderen Verlauf hätte nehmen müssen. Schon die wiederholten Besuche des Übeltäters müssten entfallen. Erst recht aber könnte es die langen förmlichen Reden des Grafen samt der daraus folgenden Missverständnisse nicht geben. Einem Soldaten, der sich so wie der Graf um eine Schwangere bemüht zeigte, würde man den Missbrauch ohne Weiteres zutrauen, und die Heirat wäre schnell beschlossen. Es sind die hohen moralischen Maßstäbe, die den Konflikt bei Kleist eskalieren lassen, und solche Maßstäbe muss man sich leisten können.

Der Milieuwechsel bringt also eine andere »Fallhöhe« mit sich, nur dass es sich nicht um eine soziale, sondern um eine »moralische Fallhöhe« handelt. Die sozialen Folgen einer unerwarteten Schwangerschaft waren in Adelskreisen selbstverständlich weit geringer als bei einfachen Leuten, was sich in Kleists Erzählung ja auch daran zeigt, dass die Familie der Marquise durchaus bereit ist, sich mit der Geburt des unehelichen Kindes abzufinden, wenn es nicht so aussähe, als werde sie von der Marquise belogen.

Modul 2
Der Missbrauch der Marquise durch den russischen Grafen

Dieses Modul behandelt eine heikle Thematik, die man nicht unbedingt berühren muss, falls man das in dem betreffenden Kurs nicht für angebracht hält. Man sollte aber auf sie vorbereitet sein.

1. Analyse des zweiten Absatzes

Auch der zweite Absatz der Novelle (S. 6, Z. 7, bis S. 7, Z. 11) könnte, bevor er untersucht wird, vorab durch einen Schüler, der sich zu Hause darauf vorbereitet hat, vorgelesen werden.

Novellentext (Seiten 6 f.)

Einzelarbeit

Präsentation der Ergebnisse und Unterrichtsgespräch

Arbeitsauftrag

- Fassen Sie den Absatz schriftlich zusammen und erläutern Sie die Bedeutung des Gedankenstrichs in der achten Zeile von Seite 7.

Erwartungen

- Bei dem nächtlichen Sturm auf die Zitadelle (vgl. S. 6, Z. 5 f.) wird die Marquise zunächst an der Flucht in die unteren Gewölbe gehindert, dann auf dem Vorplatz des Schlosses von ihrer Familie getrennt und schließlich von einem »Trupp feindlicher Scharfschützen« (Z. 21) in den hinteren Schlosshof geschleppt, wo sie den »schändlichsten Misshandlungen« (Z. 28 f.) unterworfen wird, also vergewaltigt zu werden droht. Da kommt ihr ein russischer Offizier wie »ein Engel des Himmels« (Z. 33) zu Hilfe. Er treibt die »Hunde« (Z. 31) von Soldaten auseinander und bietet ihr seinen Arm, um sie in einen noch unversehrten Flügel des Palastes zu führen, »wo sie auch völlig bewusstlos niedersank« (S. 7, Z. 7 f.). Dann heißt es weiter: »Hier – traf er, da bald darauf ihre erschrockenen Frauen erschienen, Anstalten, einen Arzt zu rufen« (Z. 8 f.). Danach setzt er sich seinen Hut auf und kehrt in den Kampf zurück.

Die nur kurze Zeit, die mit dem Gedankenstrich bezeichnet wird, muss ausgereicht haben, die ohnmächtige Marquise nicht nur zu schwängern, sondern sie auch noch so zurückzulassen, dass die hinzukommenden Frauen genau wie sie selbst nicht das Geringste bemerken.

2. Zwei unumgängliche Voraussetzungen für den erzählten Vorgang

Um die im ersten Arbeitsschritt festgehaltenen Umstände des Missbrauchs der Marquise durch den Grafen, die für die Glaubwürdigkeit der Geschichte von entscheidender Bedeutung sind, nicht für rein phantastisch zu halten, müssen zwei Voraussetzungen angesprochen werden: die damalige weibliche Unterbekleidung und die damaligen Gründe für eine Ohnmacht.

Kopiervorlage → Seite 45

Lehrervortrag

- Friedrich Schlegel (1772–1829) nennt es 1799 in seinem Roman »Lucinde« einen »Vorzug« der weiblichen Kleidung vor der männlichen, »dass man sich da durch eine einzige kühne Kombination über alle bürgerlichen Konventionen wegsetzen und mit einem Male mitten im Schoß der Natur befinden kann« (Schlegel: Lucinde, S. 20). Mit anderen Worten: die Frauen trugen unter ihren langen Röcken keine Hosen, sondern nur ein offenes Beinkleid. Andernfalls hätten sie bei jedem Gang zur Toilette mit ihren verschiedenen Korsagen und Unterröcken fremde Hilfe benötigt. (Zur Wäschemode des 18. Jahrhunderts siehe im Internet Artikel unter dem Stichwort »Offenes Beinkleid«. Eine Adresse dieser Art heißt bezeichnenderweise »marquise.de«.) Deshalb kann sich der russische Offizier von einem Moment zum nächsten der hingesunkenen Marquise bemächtigen und es schon nach wenigen Minuten so aussehen lassen, als sei ihr nichts passiert.

Die zweite Voraussetzung sind die aus dieser Zeit immer wieder berichteten Ohnmachten der Frauen. Dass sie nicht selten vorgetäuscht worden sind, kann man sich denken, aber es gab sie auch wirklich. Der Grund waren die engen Korsagen. Die rabiate Einschnürung des Brustkorbes, wie die weibliche Mode sie vorschrieb, ließ ein tiefes Atmen nicht zu. Jede größere Aufregung konnte deshalb eine Unterversorgung mit Sauerstoff zur Folge haben und damit zu Schwindel und Bewusstlosigkeit führen. Im Liegen stabilisierte sich der Kreislauf meistens schnell wieder, besonders wenn man die Korsagen lockerte, aber Ohnmachten von einigen Minuten Dauer waren nicht selten.

3. Die Verkennung dieser Verhältnisse in Illustration und Film

Wie stark diese Voraussetzungen schon ein Jahrhundert nach Kleist in Vergessenheit geraten waren und erst recht heute vergessen sind, kann man anhand von Illustrationen zu der Novelle und auch anhand ihrer Verfilmung durch den französischen Film- und Theaterregisseur Éric Rohmer (1920–2010) erkennen (»La Marquise d'O…«, 1976, 102 Minuten).

Arbeitsauftrag

- vgl. den Arbeitsauftrag auf dem Arbeitsblatt (S. 45)

Kopiervorlage → Seite 45

Erwartungen

Novellentext (vor allem Seite 7)

Einzelarbeit

Unterrichtsgespräch

- Bei der Illustration aus dem Jahre 1921 ist nicht nur rätselhaft, woher der Graf die Zeit hatte, die Marquise so weitgehend zu entkleiden, es bleibt auch unbegreiflich, warum weder sie noch die hinzukommenden Frauen den Missbrauch erkennen. Erst recht aber ist auszuschließen, dass eine Frau bei dieser Art der Behandlung aus ihrer Ohnmacht nicht erwacht wäre. Damit ›erzählt‹ dieses Bild genau das Gegenteil dessen, was die Novelle selbst erzählt: Dieser Marquise kann das Vorgefallene unmöglich entgangen sein, sie täuscht ihre Ohnmacht vor.

Arbeitsauftrag

- vgl. den Arbeitsauftrag auf dem Arbeitsblatt (S. 47)

Kopiervorlage → Seiten 46 und 47

Erwartungen

Novellentext (vor allem Seite 7)

Unterrichtsgespräch

- Die Verfilmung von Éric Rohmer, die wegen ihrer Texttreue gern in den Unterricht einbezogen wird, weicht ebenfalls für diese Szene von der Vorlage ab. Die Marquise soll hier wegen der Aufregung um die versuchte Vergewaltigung zur Ruhe kommen und wird mit einem Schlafmittel zu Bett geschickt. Wie sich dadurch ihr Missbrauch ermöglicht, ist aber noch weniger verständlich. Der Graf kann nicht nur ungehindert an ihr Nachtlager treten, er findet sie auch noch in einem unglaublich verführerischen Aufzug vor. Obwohl in einem frei zugänglichen Kellerraum nur provisorisch untergebracht, liegt sie in einem seidenen Nachthemd unzugedeckt auf einem roten Lotterbett, neben sich zwecks erotischer Beleuchtung, aber absolut fahrlässig, auch noch eine offene Kerze. So wird sie für den Grafen zu einer Verlockung, der er nicht widerstehen kann. Dass nicht ein einziges Element dieses Arrangements zu ihrer Situation passt, ist bei diesem sonst so um Richtigkeit bemühten Film unbegreiflich.

Mögliche Ergänzung und Vertiefung des Aspekts

Nicht wenige der ersten Leser – und vor allem Leserinnen – haben Kleists Erzählung für schamverletzend gehalten. »Kein Frauenzimmer«, heißt es in einem Brief der 48-jährigen Dorothea Stock (1759–1832), einer Schwägerin von Gottfried Körner, die Kleist in Dresden regelmäßig sah, könne diese Geschichte »ohne Erröten lesen. Wozu soll dieser Ton führen?« (Brief vom 11. April 1808 an Friedrich Benedikt Weber. Zitiert nach: Doering, ED, S. 59 f.). Kleist hat auf diese Kritik noch 1808 im »Phöbus« mit mehreren Epigrammen reagiert. Er erklärt in ihnen die Leserinnen für allzu empfindlich und bezichtigt sie sogar der Heuchelei. In dem merkwürdigsten dieser Epigramme wird allerdings auch unterstellt, dass die Marquise gar nicht ohnmächtig war, zieht Kleist also scheinbar selbst seine Erzählkonstruktion in Zweifel:

»DIE MARQUISE VON O...
Dieser Roman ist nicht für dich, meine Tochter. In Ohnmacht!
Schamlose Posse! Sie hielt, weiß ich, die Augen bloß zu.«

Gibt das eine Vermutung wieder, die die Dresdner Kritikerinnen so geäußert hatten? Oder will Kleist mit seinem Epigramm sagen, dass diese Geschichte nur dann unmoralisch und einer Frau als Lektüre nicht zuzumuten wäre – »nicht für dich, meine Tochter« –, wenn die Marquise die Ohnmacht nur vortäuschte? Insofern sie das eindeutig nicht tut, würde das Epigramm dann bedeuten, dass man die Geschichte gerade jeder »Tochter« als moralisches Exempel zu lesen geben könnte. Dass es bei dem Vorwurf der Schamverletzung nicht darum ging, ob die Marquise sich verstellt oder nicht, sondern nur um die allzu deutlich bezeichneten Umstände ihrer Schwängerung, kann Kleist allerdings nicht verborgen geblieben sein. Er wollte aber wohl jeden Einwand gegen seine Erzählung mit der Betonung ihrer Moralität entkräften.

4. Wie glaubhaft ist die Ahnungslosigkeit der Marquise?

Verschiedentlich ist geäußert worden, es fehlte der Geschichte in einem zentralen Moment an Glaubhaftigkeit, denn es sei sehr unwahrscheinlich, dass die Marquise von dem Zeugungsakt nicht das Geringste bemerkt habe und auch keinerlei Eindruck davon bei ihr zurückbleibt. Das konnte bedenkenswert erscheinen oder auch nicht, die Plausibilität des Argumentes blieb weitgehend der persönlichen Einschätzung überlassen.

Ein im Oktober 2016 entschiedener Strafprozess gegen den Chefarzt eines Bamberger Krankenhauses wegen jahrelangen Missbrauchs von Patientinnen, die er betäubt hatte, liefert für diesen Zusammenhang einen aufschlussreichen Befund (vgl. die knappe Zusammenfassung des Sachverhalts auf dem Arbeitsblatt). Da der Arzt seine Vorgehensweise mit medizinischen Zwecken begründete, ist seine Verurteilung zu acht Jahren Freiheitsentzug noch nicht rechtskräftig. Darauf kommt es in diesem Zusammenhang jedoch nicht an. Der für die Marquise von O... interessante Aspekt ist, dass die zwölf missbrauchten Frauen, die in dem Prozess als Nebenklägerinnen auftraten, keinerlei Erinnerung an die kaum zwanzig Minuten dauernde »Untersuchung« hatten. Nur die Videos und Fotos, die der Arzt von ihnen dabei gemacht hatte, zeigten ihnen den Missbrauch an. Zwar sind sicherlich eine solche Betäubungsphase und eine Ohnmacht nicht dasselbe, aber es ist doch bemerkenswert, dass bei Bewusstlosigkeit nicht die geringste Spur von solchen Vorgängen im Gedächtnis zurückbleiben kann. Auch von der Wirkung sogenannter KO-Tropfen gibt es inzwischen entsprechende Berichte.

Arbeitsauftrag

Kopiervorlage
→ Seite 47

schriftliche Einzelarbeit und/oder Unterrichtsgespräch

- Erörtern Sie, welcher Schluss sich aus dem auf dem Arbeitsblatt geschilderten Missbrauchsfall für das Nichtwissen der Marquise ziehen lässt. Erörtern Sie auch umgekehrt, inwiefern der Fall eines unbemerkten Missbrauchtwerdens heute relevanter sein könnte als zu Kleists Zeiten.

Erwartungen

- Der Fall aus der Gegenwart legt den Schluss nahe, dass der von Kleist erzählte Fall im Bereich des Möglichen liegt. Umgekehrt sollte erkannt werden, dass die heutigen Mittel unauffälliger Betäubung Risiken bedeuten, denen man besser aus dem Wege geht.

Wie schon gesagt, muss der Missbrauch der Marquise durch den russischen Grafen nicht in dieser Deutlichkeit im Unterricht erörtert werden. Man kann ihn auch, wie es ganz überwiegend in der Sekundärliteratur geschieht, mit einem »Der Dichter hat es so gewollt« einfach hinnehmen. Jedoch werden Schüler Fragen zur Wahrscheinlichkeit des Missbrauchsvorgangs nicht immer zurückhalten, und so sollte man auf sie antworten können. Dabei sollte man auf den Begriff der »Vergewaltigung« möglichst verzichten, der zur Benennung des Übergriffs in Kleists Novelle oft gebraucht wird. Nach den Strafvorschriften wurde immer und wird bis heute ein Unterschied gemacht zwischen dem sexuellen Missbrauch einer widerstandsunfähigen Frau und der Gewaltanwendung gegenüber einer sich wehrenden. Das Preußische Allgemeine Landrecht von 1794, das für Kleists Horizont maßgebend war, sah für eine Vergewaltigung sechs bis acht Jahre Zuchthaus vor, für eine »durch Arglist oder betrügliche Kunstgriffe« so verübte Handlung jedoch nur höchstens ein Jahr. Der Missbrauch einer wehrunfähigen erwachsenen Frau aber war gar keine Straftat, es musste nur ein entstandener Schaden beglichen, also im Fall der Nachweisbarkeit auch für ein Kind aufgekommen werden. Das erklärt auch, warum die Marquise an eine Strafverfolgung des Kindsvaters nicht denkt. Und selbstverständlich hätte der Graf eine Vergewaltigung im eigentlichen Sinn auch nicht begangen. Nur bei einer vorsätzlichen Betäubung würde seine Tat auch nach den damaligen Begriffen eine Vergewaltigung sein.

»Die Marquise von O...«: Die Missbrauchsszene in einer Zeichnung von Marta Worringer (1881–1965) in der Ausgabe des Hyperionverlages, München 1920

»Die Marquise von O...«: Die Missbrauchsszene in einer Zeichnung von Walter Scheidemandel (1894–1987) in der Ausgabe des Phöbus-Verlages, München 1921

Modul 3
Der Handlungsablauf

Das weitere Geschehen erschließt sich am besten über das Verhalten der vier Hauptbeteiligten. Die Erarbeitung kann arbeitsteilig erfolgen. Zur Absicherung der Textkenntnis kann zuvor eine Bilderreihe genutzt werden, die die wichtigsten Handlungsmomente wiedergibt.

1. Spielerische Überprüfung der Textkenntnis

Der Arbeitsauftrag kann auch als – angekündigter oder unangekündigter – Test verwendet, also eingesammelt und benotet werden.

Kopiervorlage
→ Seiten 48–49

Novellentext

Einzelarbeit

Vergleich der Ergebnisse in Kleingruppen oder im Plenum

Arbeitsauftrag

■ vgl. den Arbeitsauftrag auf dem Arbeitsblatt (S. 48)

Erwartungen

■ Für die richtige Reihenfolge müssen die Bilder folgendermaßen beziffert und kommentiert werden:
A / 8: Versöhnung der Marquise mit dem Vater (vgl. S. 47 f.). – B / 6: Die Marquise allein auf dem Landsitz (vgl. S. 32). – C / 9: Das Geständnis des Grafen (vgl. S. 50). – D / 4: Die Eltern lesen die Zeitungsanzeige (vgl. S. 39). – E/ 7: Der Vater greift zur Pistole (vgl. S. 31). – F / 1: Die Marquise wird von Soldaten bedrängt (vgl. S. 6). – G / 10: Die Marquise mit dem Grafen in ehelicher Eintracht (vgl. S. 53). – H / 2: Die Marquise wird vom Grafen gerettet (vgl. S. 6 f.). – I / 3: Die Hebamme bestätigt der Marquise die Schwangerschaft (vgl. S. 29 f.). – J / 5: Die Marquise verweigert die Herausgabe der Kinder (vgl. S. 31).

2. Der Graf

Zunächst wird am Text nachvollzogen, auf welche Weise sich das schlechte Gewissen des Grafen offenbart. Diese Untersuchung wirft die Frage auf, ob sich der Graf nicht früher zu seiner Tat bekennen müsste.

Kopiervorlage
→ Seite 50

Novellentext

Einzel- oder Partnerarbeit

Vergleich der Ergebnisse und Diskussion im Plenum

Arbeitsauftrag

■ vgl. den Arbeitsauftrag auf dem Arbeitsblatt (S. 50)

Erwartungen

■ Indem die einzelnen Signale, die auf das schlechte Gewissen des Grafen hindeuten, aneinandergereiht werden, bestätigt sich nicht nur sein Vergehen (ein bald aber nicht mehr wichtiger Aspekt), sondern es lässt sich auch diskutieren, wann spätestens er den Mut zu einem Geständnis aufbringen müsste. Die Reihe der Belege sieht folgendermaßen aus:

Verhalten des Grafen	Bewertung	Textstelle
leistet bei der Erhaltung der durch den Beschuss in Brand gesetzten Festung »Wunder der Anstrengung«	Versuch der Wiedergutmachung	S. 7, Z. 29 f.
wird rot, als er wegen der Rettung der Marquise gelobt wird	Scham	S. 9, Z. 7–10

Verhalten des Grafen	Bewertung	Textstelle
will die Namen der übergriffig gewordenen Soldaten nicht nennen	schlechtes Gewissen	S. 9, Z. 12–16
fragt bei seinem Besuch der Marquise sofort nach ihrem Befinden, hofft auf dauernde »Gesundheit«	Erleichterung	S. 12, Z. 11–13
gibt seinem Heiratsantrag eine befremdliche Dringlichkeit	Besorgnis wegen einer Schwangerschaft	S. 14, Z. 5–16
erklärt, er sei im Begriff, die einzige nichtswürdige Handlung seines Lebens wiedergutzumachen	halbes Geständnis	S. 15, Z. 5–7
die Erinnerung an den mit Kot beworfenen Schwan, der rein aus dem Wasser wieder auftaucht	Reue über seine Tat	S. 20, Z. 10–16
äußert den Wunsch nach sofortiger Vermählung und versichert, sie würde ihn eines Tages verstehen	schlechtes Gewissen, zaghafter Versuch eines Geständnisses	S. 23, Z. 26–33
bedauert, dass die Familie den Unschulds-versicherungen der Marquise nicht traut	ein Fast-Geständnis – spätestens hier wird sein Schweigen unverzeihlich	S. 34, Z. 9–23
will sie trotz der Schwangerschaft heiraten, von ihrer »Unschuld völlig überzeugt«	schämt sich, offen zu sprechen	S. 35, Z. 26, bis S. 36, Z. 7
weiß nach der Lektüre der öffentlichen Aufforderung durch die Marquise, »was ich zu tun habe«	entschließt sich zu öffentlichem Bekenntnis seiner Schuld	S. 37, Z. 17–26
bekennt sich zu seiner Vaterschaft, kniet vor der Marquise nieder, bittet stumm um Vergebung	öffentliche Abbitte	S. 49, Z. 27, bis S. 50, Z. 10
macht dem Kind eine großzügige Schenkung und setzt die Marquise zu seiner Erbin ein	Wiedergutmachung und Treuebekenntnis	S. 53, Z. 11–16

Das FAZIT dieser Analyse kann eigentlich nur sein, dass der Graf viel zu lange mit seinem Geständnis wartet. Er hätte die Marquise ja jederzeit durch einen Brief unterrichten können. Dass er von Anfang an von einer Schwangerschaft ausgeht, hat Kleist wohl nicht so genau durchdacht. Es erklärt sich, von der Erzählkonzeption abgesehen, vielleicht aus seiner nicht so besonders großen Lebenskenntnis. So kann man gleichsam von einer ›verkehrten Welt‹ sprechen: Die Marquise, die alle Anzeichen für eine Schwangerschaft hat, will diese nicht wahrhaben, während der Graf, der überhaupt kein Anzeichen für sie hat, von Anfang an von ihr ausgeht.

3. Die Marquise

Die Unerschütterlichkeit ihrer Selbstgewissheit ist das auffallendste durchgängige Merkmal, das sich am Verhalten der Marquise beobachten lässt.

Arbeitsaufträge

- vgl. die Arbeitsaufträge auf dem Arbeitsblatt (S. 51 und 52)

Kopiervorlage
→ Seiten 51–52

Erwartungen

- Im Hinblick auf das Verhalten der Marquise sind die folgende Stellen aufschlussreich:

Novellentext

Einzel- oder Partnerarbeit

Vergleich der Ergebnisse und Diskussion im Plenum

Verhalten der Marquise	Bewertung	Textstelle
bedauert, den Grafen nach seiner Rettungstat nicht mehr aufgesucht zu haben	hat keinerlei Erinnerung an etwas Unrechtes von seiner Seite	S. 10, Z. 21–26
fühlt sich nach »mehrere[n] Monden« (S. 10, Z. 30), als wäre sie schwanger, und scherzt darüber	hält die Schwangerschaft für eingebildet	S. 11, Z. 6–30
wird bei dem Heiratsantrag des Grafen »über und über rot« (S. 12, Z. 26) und lässt danach den Vater die Vertröstung auf später aussprechen	scheint seinem Antrag nicht abgeneigt	S. 12, Z. 23–30 S. 14, Z. 1–5

Verhalten der Marquise	Bewertung	Textstelle
erklärt mit glänzenden Augen, ihn bei guten Auskünften über seine Person heiraten zu wollen	gibt ihre wahren Wünsche zu erkennen	S. 21, Z. 14–26
nennt ihn »von Sinnen«, als er ihr seinen Wunsch nach einer sofortigen Heirat erklärt	weiß mit seiner Andeutung, sie würde ihn eines Tages verstehen, nichts anzufangen	S. 23, Z. 28–33
bemerkt eine unbegreifliche Veränderung ihrer Gestalt, holt auf den Rat der Mutter hin einen Arzt	empfindet die »lebhafteste Unruhe«, weil sie sich nicht erklären kann, warum sie schwanger sein sollte	S. 24, Z. 4–31
möchte eine Hebamme konsultieren, beschwört aber die Mutter, an die Reinheit ihres Gewissens zu glauben; gesteht, sie fürchte verrückt zu werden	hat noch immer keine Vermutung, wie es zu der Empfängnis gekommen sein könnte	S. 27, Z. 3–13
fällt in Ohnmacht, als die Hebamme den Befund des Arztes bestätigt	Warum erinnert sie sich nicht an ihre Ohnmacht im Anschluss an ihre Rettung durch den Grafen?	S. 29, Z. 12–22
fragt die Hebamme nach der Möglichkeit einer unwissentlichen Empfängnis, vermutet, die Niederkunft stehe unmittelbar bevor	Da sie bereits zwei Kinder geboren hat, ist ihr Unwissen darüber, in welchem Stadium der Schwangerschaft sie sich wohl befindet, merkwürdig.	S. 30, Z. 1–16
will den Vater des Kindes durch eine Anzeige finden	realisiert, dass es einen natürlichen Vater geben muss, doch der Graf kommt ihr nicht in den Sinn	S. 33, Z. 6–25 (S. 5, Z. 1–7)
hindert den Grafen mit ihrem Bescheid, »Ich *will nichts* wissen«, ihr seine Verfehlung zu gestehen	Was will sie nicht wissen? Dass er es war, der sie geschwängert hat, oder dass er ihr die Schwangerschaft verzeiht? Eine rätselhafte Stelle, nicht mitgeteilt wird, wie sie diese Äußerung meint.	S. 36, Z. 14
hält, als die Mutter sie mit einer List prüft, für möglich, dass der Jäger Leopardo, also ein Mitglied des Dienstpersonals, sie missbraucht haben könnte	Das ist auch für den Leser der entscheidende Unschuldsbeweis. Sie hält alles für möglich, nur das Richtige nicht.	S. 43, Z. 3–32
sieht bei dem Geständnis des Grafen einen Teufel in ihm	Dieser äußerste Abscheu ist rätselhaft und erklärungsbedürftig, da sie ihn ja eigentlich schätzt und ihm als ihrem Retter dankbar ist.	S. 50, Z. 25, bis S. 51, Z. 7

So unergründlich das Nichterkennen der Wahrheit durch die Marquise ist – wir sollen als Leser von der Aufrichtigkeit ihrer Bekenntnisse überzeugt sein. Alle Spekulationen und Vermutungen, sie verstelle sich auf die eine oder andere Art, entziehen dieser Geschichte den Boden. So wird zum Beispiel aus dem Umstand, dass die Marquise, kaum zu sich gekommen, schon weiß, dass ihr Retter »der Graf F…, Obristlieutenant vom t…n Jägerkorps, und Ritter eines Verdienst- und mehrerer anderen Orden« ist (S. 8, Z. 13 f.), auf eine nähere Bekanntschaft zwischen ihr und dem Grafen geschlossen, zumal er seinerseits auch ihren Vornamen Julietta kennt (vgl. S. 10, Z. 20). Sie müssten sich demnach, so die weitere Schlussfolgerung, nach ihrer Rettung gegenseitig vorgestellt, sich miteinander unterhalten und sie sich ihm also bewusst hingegeben haben. Als ihr die Schwangerschaft erkennbar werde, verdränge sie den Fehltritt nur (Dieter Harlos). Ist diese Auslegung gerechtfertigt? Keinesfalls. Kleist überspringt immer wieder einzelne Handlungsmomente. Die nachträglichen Erkundigungen beider nach Namen, Dienststellung oder Familiensituation sind so selbstverständliche Vorgänge, dass sie nicht eigens erzählt werden mussten. Kein vernünftiger Leser wird an dieser Stelle etwas argwöhnen.

Andere Deutungen unterscheiden zwischen Bewusstsein und Unterbewusstsein. So habe die Marquise die Handlung ihres Retters zwar durchaus wahrgenommen und zugelassen, aber die moralische Instanz ihres Bewusstseins verbiete ihr, sich das einzugestehen (Peter Horn). Damit wird psychoanalytisch etwas erschlossen, was textanalytisch nicht zu erschließen ist. Nur ist eine literarische Figur keine Person, die man wie einen wirklichen Menschen nach seinen geheimsten inneren Erfahrungen fragen kann. Wir wissen von ihr immer nur, was uns der Autor mitteilt. Dass die Marquise die Tat des Grafen unterbewusst wahrgenommen hat, erfahren wir nicht, und es sich hinzuzudenken, bloß um sich ihr Verhalten verständlicher zu machen, ist abwegig. Das Einzige, was man fragen kann (und was noch zu fragen sein wird), ist dies: warum sich der Autor eine solche nicht ganz verstehbare Figur hat einfallen lassen.

Wäre es anders, gäbe es ein viel handfesteres Moment, die Unkenntnis der Marquise hinsichtlich der Verursachung ihrer Schwangerschaft in Zweifel zu ziehen. Es ist der Umstand, dass sie weder vor sich selbst noch gegenüber ihrer Mutter jemals die Frage berührt, warum ihre Monatsblutung ausgeblieben ist. Der Einwand, dass dies wegen der Peinlichkeit des Themas ausgespart worden sei, ist haltlos. Eine Frage der Mutter etwa in der biblischen Wendung, ob »nach Frauenart« alles bei ihr in Ordnung sei, hätte völlig genügt. Wäre aber dieses Indiz zwischen Tochter und Mutter zur Sprache gekommen – wie viel früher hätten sich beide mit dem wahrscheinlichen Beginn der Schwangerschaft beschäftigen müssen! Und wie viel mehr wären dann die Frage des Grafen nach ihrer Gesundheit oder die Dringlichkeit seines Heiratsantrages wenigstens für die Mutter verdächtig gewesen! Verschweigt nun aber die Marquise diesen Sachverhalt? Ahnt sie viel eher, als sie zugibt, was ihr Problem ist? Ganz bestimmt nicht! Dieses Moment kommt nur nicht vor, weil Kleist selbst nicht daran gedacht hat. Ungesagtes muss nichts zu ›bedeuten‹ haben, es kann auch nur etwas Fehlendes, ein Fehler sein.

Auf ein eigenes Arbeitsblatt zur Erörterung solcher Deutungs-Abwege wird verzichtet. Falls Überlegungen dieser Art im Unterricht aufkommen, kann über deren Textferne und Willkürlichkeit auch ohne Materialteil gesprochen werden.

Zu Arbeitsauftrag 2: Die Marquise begreift, dass ihre Schwangerschaft auf einem Missbrauch beruhen muss, als sie die Hebamme verstört fragt, »ob die Möglichkeit einer unwissentlichen Empfängnis sei« (S. 30, Z. 1), und diese ihr lächelnd zu verstehen gibt, dass sie nicht die Jungfrau Maria sei.

Zu den Arbeitsaufträgen 3 und 4: Warum entpuppt sich der Mann, der der Marquise wegen seiner Rettungstat wie ein Engel erschienen war, nach seinem Geständnis für sie als ein Teufel? Warum ist seine Tat so viel schlimmer für sie als der Missbrauch durch einen beliebigen anderen Mann? Ihre Erklärung beim Wort genommen, hätte sie ihn zunächst überschätzt, also keinen Menschen mehr in ihm gesehen, sondern einen Engel, nach ihrer Desillusionierung ihn aber unterschätzt, nämlich ihn auf etwas Männlich-Teuflisches reduziert. Mit der Zeit würde ihr aber klar, dass er weder das eine noch das andere ist. Er ist ein Mensch mit Schwächen und Stärken, und sogar der deutlichste Zug seines Wesens, sein gefühlsgesteuertes, spontanes Handeln, kann etwas Gutes wie etwas Schlechtes sein: So wie er ihr als bedrohter Frau ohne jedes Bedenken gegen fünf Männer zu Hilfe gekommen ist, war er, als sie ohnmächtig wurde, auch ohne jedes Bedenken bereit, seiner Lust auf sie nachzugeben.

Merkwürdig ist allerdings die Formulierung, dass er sich ihr nur deshalb wieder nähern darf, weil er spürt, »dass ihm von allen Seiten, um der gebrechlichen Einrichtung der Welt willen, verziehen sei« (S. 53, Z. 20 f.). Von allen Seiten? Es kann eigentlich nur noch um ihre Verzeihung gehen, da ihm die Eltern schon vor der Hochzeit erkennbar verziehen haben. Sie aber verzeiht ihm anscheinend nur bedingt, nämlich weil man »um der gebrechlichen Einrichtung der Welt willen« irgendwann verzeihen muss. Das würde bedeuten, dass ihr seine Handlung weiterhin unverzeihlich erscheint, ihr moralischer Rigorismus also das letzte Wort behält. Was jedoch könnte das Unverzeihliche sein?

Es ist der Anschein, dass er an ihrer Dankbarkeit für ihre Rettung keinerlei Interesse hatte. Sie hätte ihm vielleicht gern bald gewährt, was er sich genommen hat, sofern er nach ihrer Rettung um sie hätte werben wollen. Dass er sich um ein solches Einverständnis nicht bemüht, dass er nach ihren Gefühlen für ihn gar nicht gefragt hat, erklärt mithin alles, womit sie sich hätte erkenntlich zeigen können, für wertlos. Es zeigt ihr, dass sie ihm als der Mensch, den er gerettet hat, vollkommen gleichgültig war. Dass sie sich zu der Heirat dennoch bereit findet, geschieht nur auf Druck ihrer Familie. Der Kontrakt, der ihm alle ehelichen Rechte aberkennt, gibt ihr aber das Verfügungsrecht über sich selbst zurück. Sie liest das Papier »mehrere Male, legte es sinnend zusammen, öffnete es, und durchlas es wieder; und erklärte hierauf, dass sie sich um 11 Uhr in der Augustinerkirche einfinden würde« (S. 52, Z. 17–20). Sie erkennt, dass sie ihm die Demütigung, die er ihr zugefügt hat, nun so lange, wie sie es will, heimzahlen kann.

4. Vater und Mutter der Marquise

Die Reaktionen der Eltern auf die Situation der Marquise sind sich so ähnlich, dass sie parallel behandelt werden können. Sie unterscheiden sich nur graduell, nicht prinzipiell.

Arbeitsaufträge

Kopiervorlage
→ Seite 53–54

- vgl. die Arbeitsaufträge 1 bis 3 auf dem Arbeitsblatt (S. 53 und 54)

Novellentext

Einzelarbeit

Vergleich der Ergebnisse in Kleingruppen

Diskussion im Plenum

Erwartungen

- Der maßgebliche Punkt ist hier: Was stört die Eltern der Marquise und was stört sie nicht bei dem sich entwickelnden Konflikt?

Verhalten der Eltern	Bewertung	Textstelle
Der Vater reagiert zunehmend ungehalten auf das Drängen des Grafen, ihm die Hand der Marquise zuzusichern.	Er betrachtet sich gleichsam als Vormund seiner Tochter, obwohl diese bereits einmal verheirat gewesen und nun verwitwet ist.	S. 14, Z. 13, bis S. 16, Z. 11
Die Mutter ist weniger abweisend und bittet ihren Sohn, den Grafen von seiner unbesonnenen Befehlsverweigerung abzubringen.	Sie tut alles, um den Grafen vor sich selbst zu schützen.	S. 17, Z. 18–20
Die Mutter drängt die Tochter zu der Zusage, bei guten Auskünften den Grafen zu heiraten.	Sie findet den Grafen sympathisch, hätte ihn gern zum Schwiegersohn.	S. 21, Z. 17–29
Der Vater ist bereit, sich »diesem Russen [...] zum zweiten Mal [zu] ergeben«.	Er billigt ebenfalls das Heiratsprojekt.	S. 22, Z. 23
Die Mutter würde ihrer Tochter einen Fehltritt verzeihen, droht ihr aber für den Fall, dass sie sie mit ihrer Unschuldsbeteuerung täusche.	Sie beginnt an der Unschuld der Marquise zu zweifeln.	S. 27, Z. 24, bis S. 28, Z. 3
Die Mutter verflucht die Tochter wegen ihrer vermeintlichen Lüge.	Der Vertrauensmissbrauch erscheint der Mutter als das größte aller Vergehen.	S. 29, Z. 28 f.
Der Vater weist die Tochter aus dem Haus, scheint sogar auf sie zu schießen und verlangt, sie solle die Kinder bei den Großeltern zurückzulassen.	Er kann die Unaufrichtigkeit, die er seiner Tochter unterstellt, nicht ertragen.	S. 31, Z. 8–28
Die Mutter findet den Vater zu hart, widerspricht ihm in Bezug auf die »Abforderung der Kinder«, sucht nach einer Erklärung.	Sie ist noch immer geneigt, der Tochter zu glauben.	S. 38, Z. 5–20
Der Vater sieht in der Zeitungsbekanntmachung einen raffiniert eingefädelten Betrug.	Er glaubt seine Tochter zu jeder Schändlichkeit fähig.	S. 39, Z. 15–33
Die Mutter fasst den Plan, die Marquise auf die Probe zu stellen.	Sie traut ihrer Tochter eine solche Verlogenheit nicht zu.	S. 40, Z. 16, bis S. 41, Z. 10
Die Mutter überzeugt den Vater von der Unschuld der Tochter. Er heult, »dass die Wände erschallten«, und küsst die Tochter »wie ein Verliebter«.	Er bereut seine Härte und kann die Sympathien von Frau und Tochter dadurch zurückgewinnen, dass er sich demütigt.	S. 46, Z. 9, bis S. 48, Z. 10
Die Mutter nimmt das Geständnis des Grafen ohne jede Empörung auf, wegen seiner Reue ist ihm sofort »Alles vergeben und vergessen«.	Das moralische Entsetzen der Tochter wird durch die Eltern in keiner Weise geteilt, die Handlung des Grafen in der betreffenden Situation erscheint ihnen erklärlich.	S. 50, Z. 22–24
Auch der Vater findet sich mit der Untat des Grafen ab, wünscht, dass Gott ihm vergeben möge.		S. 51, Z. 15–18

Beide Eltern finden das Verhalten ihrer Tochter »sonderbar«, der Vater mahnt, dass sie ihr Heiratsversprechen einhalten müsse.	Es fällt kein Wort des Tadels mehr über den Grafen, die Eltern wollen nur den sozialen Frieden wiederherstellen.	S. 51, Z. 28, bis S. 52, Z. 13
Vater und Mutter sorgen dafür, dass sich die Marquise mit dem Grafen aussöhnt.	Sie verstehen offenbar besser, was ihre Tochter eigentlich will, als diese selbst.	S. 53, Z. 13–19

FAZIT: Die Eltern stört hauptsächlich, wenn nicht gar allein, dass ihre Tochter ihnen, wie sie glauben, nicht die Wahrheit sagt. Mit einem weiteren Kind, das sie als Witwe bekäme, könnten sie sich abfinden. In dem Moment, als der Graf sich offenbart und sie heiraten will, ist für sie der Konflikt deshalb beigelegt. Den moralischen Rigorismus ihrer Tochter verstehen sie nicht, selbst die andauernde tiefe Reue des Grafen halten sie wohl schon für übertrieben. Alle verurteilen selbstverständlich den Missbrauch, aber sie verhalten sich dazu wie zu etwas, das man verzeihen kann.

Warum? Die Tat des Grafen ist nicht böse, niederträchtig, unmenschlich, sondern sie beruht auf einer männlich-menschlichen Schwäche. Eine Schwäche aber kann man verstehen, sie bringt einem einen Menschen womöglich sogar näher. Der immer bedächtige und besonnene Theodor Fontane hat über das Vergehen des Grafen geschrieben: »Man empfindet – indem man es als unritterlich verwirft –, dass man nichtsdestoweniger desselben Fauxpas fähig gewesen wäre. Wohlverstanden, man entdeckt die *Möglichkeit* dazu im eigenen Herzen. Damit, dass man das eigne Fühlen als Maßstab nimmt, fällt alles Hässliche fort.« (Unveröffentlichte Aufzeichnung von 1872; zitiert nach: Doering, ED, S. 69)

Ebenso reagieren der Vater und der Bruder der Marquise. Sie unterlassen jeden Vorwurf, jede Geste der Missachtung und nehmen die Tat sofort wie etwas Begreifliches, nur allenfalls von Gott zu Verurteilendes hin. Von dem Bruder, obwohl er bei der Aufdeckung anwesend ist (vgl. S. 51, Z. 2), wird überhaupt nicht mehr gesprochen. Der Vater aber, der unmittelbar seinen Segen zu der Verbindung mit dem Grafen geben soll, »legte seine Hand auf ihn; seine Augenwimpern zuckten, seine Lippen waren weiß, wie Kreide. Möge der Fluch des Himmels von diesen Scheiteln weichen! rief er: wann gedenken Sie zu heiraten?« (S. 51, Z. 15–18)

ZU DEN ARBEITSAUFTRÄGEN 2 UND 3: Noch milder ist aber die Reaktion der Mutter. Schon dass sie der Tochter den Sachverhalt ins Ohr flüstert wie etwas Sensationelles (vgl. S. 51, Z. 13 f.), wirkt wie eine Verharmlosung. Handelte es sich um eine gute Freundin, könnte man sich mehr als ein »So ein Schuft!« als Erwiderung kaum vorstellen. Sie nimmt den Grafen auch sofort bei der Hand und erklärt, er habe »so viel schöne Beeiferung gezeigt [...], sein Vergehen wiedergutzumachen« (S. 52, Z. 20 f.), dass an ihrer vollständigen Verzeihung, ja fast ihrem Wohlgefallen an ihm kein Zweifel bestehen kann. Sie hat dabei natürlich zunächst die Wiederverheiratung der Marquise im Sinn, die ihr schon wegen des weiteren Kindes gesellschaftlich hoch erwünscht ist. Allem Anschein nach nimmt sie dem Grafen aber auch den Missbrauch nicht übel. Aus ihrer Sicht hat er einfach dem Liebreiz ihrer Tochter nicht widerstehen können. Es wäre ja auch möglich gewesen, er hätte sich nie wieder blicken lassen. Einen größeren Liebesbeweis als seine anhaltende Bemühung um sie kann es in ihren Augen nicht geben. Am Ende scheint sie auch ihrer Tochter diese Einschätzung vermitteln zu können.

Was die List angeht, die die Mutter anwendet, um sich von der Unschuld ihrer Tochter zu überzeugen, so ist ihre Überlegung die: Wenn die Marquise den Vater des Kindes kennt, würde sie für jeden ihr fälschlich bezeichneten Mann die Vaterschaft bezweifeln, wenn sie ihn nicht kennt, aber jede Nennung akzeptieren. Da sie sogar gegen den sozial weit unter ihr stehenden Jäger nichts einzuwenden hat, besteht sie die Probe.

5. Aktuelle Bezüge

Wie sich eine solche Konstellation auch heute noch wiederholen kann, sieht man an einem Fall aus Teheran, der im Dezember 2016 durch die Zeitungen ging. Ein wegen Vergewaltigung zum Tode verurteilter Iraner wurde begnadigt, weil die Mutter des betroffenen Mädchens die Anzeige zurücknahm, nachdem er sich bereiterklärt hatte, das Mädchen zu heiraten.

Arbeitsaufträge

Kopiervorlage → Seite 54

■ vgl. die Arbeitsaufträge 4 und 5 auf dem Arbeitsblatt (S. 54)

Erwartungen

Novellentext

Gruppenarbeit, eventuell mit Abschlussdiskussion im Plenum

■ Auch in diesem Fall, der den ganzen Kleist'schen Konflikt in der höchstmöglichen Zuspitzung noch einmal enthält (eine Schwangerschaft würde den Frauen den moralischen Abwägungsprozess eher erleichtern), muss zwischen dem Verlangen nach Bestrafung einerseits und dem Gedanken der Vergebung andererseits ein Ausgleich gefunden werden. Kaum denkbar, dass die Mutter ohne das Einverständnis ihrer Tochter die Heirat als Ausweg vorgeschlagen hat. Vielleicht hat auch hier eine Abneigung des Mädchens gegen den Studenten gar nicht bestanden, sondern es waren nur die üblicherweise streng geregelten Umgangsformen, die bei einem unkontrollierten Kontakt eine Vergewaltigung nach sich gezogen haben. Trotzdem muss die Nachbarstochter dem Studenten viel umfassender verzeihen als die Marquise dem Grafen. Sie kann nicht nur »um der gebrechlichen Einrichtung der Welt willen« (S. 53, Z. 20 f.) einlenken.

So entsetzt, wie die Marquise auf das Geständnis des Grafen reagiert, muss er annehmen, sie auf eine niemals gutzumachende Weise gekränkt zu haben. Er kann deshalb eigentlich nie wissen, ob sie ihm wirklich nichts nachträgt, denn geheiratet hat sie ihn nur, weil sie musste. Ganz anders die Situation des Studenten. Sein ›Freikauf‹ von dem Todesurteil schließt die völlige Vergebung ein. Es ist im Grunde ein Vertrag, aus welchen Motiven auch immer die Nachbarstochter ihn vorschlägt. Ein schlechtes Gewissen braucht er ihr gegenüber nicht mehr zu haben.

»Die Marquise von O…«: Holzschnitt von Hans Pape (1894–1970) in der Ausgabe der Buchdruckerei der Gebr. Mann, Berlin 1928

Modul 4
Das Verkanntsein als Thema der Novelle und als Kleists Lebensproblem

1. Die Thematik des Verkanntseins

Auch wenn man einen versöhnlichen Schluss aus der Erzählung herauspräparieren kann, wird jeder, der mit Anteilnahme liest, einen anderen Eindruck zurückbehalten: den einer bedrückenden Unerkennbarkeit der Menschen untereinander. So wie die Kinder im Kaspertheater einer bedrohten Puppe zurufen, sie sollte ihrem Gegenüber nicht trauen, empfindet man auch hier ein andauerndes quälendes Verkennen der wahren Natur der anderen. Die Marquise, die unschuldig ist, wird für schuldig gehalten und gerät mehr und mehr in innere Not. Der Graf, der schuldig ist, wird für unschuldig gehalten und kann sich auch mit den deutlichsten Signalen seiner Schuld und Reue nicht verständlich machen. Dieser Widerspruch sollte an einigen besonders auffälligen Stellen festgehalten werden.

Arbeitsauftrag

- vgl. den Arbeitsauftrag auf dem Arbeitsblatt (S. 55)

Kopiervorlage
→ Seite 55

Novellentext

Partnerarbeit

Besprechung der Ergebnisse im Plenum

Erwartungen

Äußerung	Reaktion	Textstelle
Der Graf erklärt dem Kommandanten, dass er nur eine einzige nichtswürdige Handlung in seinem Leben begangen habe, die er aber gerade wiedergutzumachen im Begriff sei.	Der Kommandant geht mit keinem Wort auf diese Andeutung ein und denkt auch nicht über sie nach.	S. 15, Z. 5–19
Der Arzt erklärt der Marquise ohne alle Umstände, dass sie schwanger sei, und bestätigt damit ihr eigenes Gefühl.	Sie hält ihn für unverschämt und glaubt, er wolle sie vorsätzlich kränken.	S. 24, Z. 16, bis S. 25, Z. 18
Die Marquise fragt die Hebamme nach der Möglichkeit einer unwissentlichen Empfängnis.	Anstatt dass die Hebamme heraushört, in welcher Not sich die Marquise befindet, spricht sie ironisch davon, dass die Marquise nicht die Jungfrau Maria sei.	S. 29, Z. 30, bis S. 30, Z. 9
Die Marquise wirft sich ihrem Vater zu Füßen und beschwört ihn, ihr zu glauben.	Er reißt sich los und greift zu einer Pistole.	S. 31, Z. 5–20
Der Graf erklärt dem Bruder der Marquise, dass man ihm die Heirat hätte erlauben sollen, dann wäre alles Unglück vermieden worden.	Der Bruder hält ihn für »rasend« und »seiner Sinne völlig beraubt«.	S. 34, Z. 5–25
Der Graf sagt der Marquise, er sei von ihrer Unschuld völlig überzeugt, und wolle sie der Welt und ihrer Familie »zum Trotz« heiraten.	Sie, anstatt sein Geständnis herauszuhören, schickt ihn empört weg.	S. 35, Z. 25, bis S. 36, Z. 11
Der Graf kommt zu der vereinbarten Stunde, um sich zu der Vaterschaft zu bekennen.	Die Marquise begreift den Zusammenhang noch immer nicht, man erwarte »doch ihn nicht«. Sie vermutet allerdings auch nicht, er könnte sich zu Unrecht belasten wollen.	S. 49, Z. 21, bis S. 50, Z. 10

Es ließen sich noch mehr solcher Konstellationen anführen. Die Summe der Belege, die Schüler des Kurses zusammentragen, wird daher sicherlich höher sein.

2. Die Verbindung zu Kleists Lebensproblem

Die Erfahrung, verkannt zu werden, muss bei Kleist nicht nur die Marquise von O… machen, sondern nahezu alle seine Hauptfiguren haben lange Phasen der Verkennung, der Unverstandenheit und der Demütigung zu durchlaufen, bevor sie erlöst werden oder sich wenigstens vor sich selbst gerechtfertigt sehen. Der Prinz von Homburg wird bis an sein Grab geführt, bevor ihm der Kurfürst vergibt, Amphitryon weiß erst nach einer Zeit quälender Eifersucht, dass sich ein Gott seiner Frau bemächtigt hat, das Käthchen von Heilbronn erfährt erst im letzten Moment, dass sie die Braut des Grafen vom Strahl ist, Michael Kohlhaas gar muss bis zum Schafott auf seine Rechtfertigung warten, und auch im »Zerbrochnen Krug« und in »Penthesilea« geht es um ein andauerndes Missdeuten und Missverstehen.

Was das mit Kleists eigenen Erfahrungen zu tun hat, sieht jeder, der sich mit seinem Leben beschäftigt. Das Heraustreten aus der militärischen Familientradition hatte eine Serie immer wieder scheiternder »Lebenspläne« zur Folge. Kleist wollte Gelehrter, Bauer, Beamter und Verleger werden, jedes Mal einig mit sich, damit das einzig Richtige zu tun. Jedes Mal jedoch musste er erfahren, dass ›die Welt‹ seine guten Absichten verkannte. Am meisten gilt das für seine literarischen Arbeiten. So überzeugt er war, auf diesem Gebiet Größeres und Besseres zu leisten als viele andere – der Erfolg blieb weit hinter seinen Erwartungen zurück. Deshalb finden wir in nahezu allen seinen Werken die Bitternis des Verkanntseins und zugleich die bis zum Verzweifeln angespannte Erwartung und Hoffnung, irgendwann doch anerkannt zu werden. Nur mischt sich in den Moment der Bestätigung fast immer schon auch das Gefühl, dass es für eine Erlösung zu spät sein könnte, dass die erlittenen Demütigungen sich nicht mehr werden vergessen lassen. Auch in der »Marquise von O…« findet sich eine Spur davon, wenn es heißt, dass dem Grafen nur »um der gebrechlichen Einrichtung der Welt willen« (S. 53, Z. 20 f.) zuletzt verziehen wird.

Ein Arbeitsblatt zu diesem Modul lässt sich nicht erstellen. Es könnte ein Referat zu Kleists Lebensweg vergeben werden, mit einem Schwerpunkt auf den von ihm erlittenen Niederlagen und Fehlschlägen. Das Gefühl des Unverstandenseins drückt sich ja unübersehbar in seinem Selbstmord aus. Dass Kleist die Anzweifelung seiner Wesensart, verbunden mit dem Gefühl, mit ihr im Recht zu sein, in eine Frau hineinprojiziert, die ihre Schwangerschaft nicht begreift, kann man auch für eine Fehlkonstruktion halten. Doch führt die Verbindung mit seinem Lebensproblem immerhin dazu, dass sich gewisse Unglaublichkeiten im Verhalten der beteiligten Personen so besser verstehen lassen. Und das Verstehen eines Textes ist am Ende nützlicher als eine im Halbdeutlichen verbleibende Hochschätzung.

Grabstein Heinrich von Kleists am Kleinen Wannsee in Berlin

Modul 5
Die sprachlichen Besonderheiten

Das Besondere der Kleist'schen Erzählweise wird von vielen sofort empfunden und mit Begriffen wie ›gedrängt‹, ›dynamisch‹, ›hastig‹ oder ›beklemmend‹ beschrieben, ohne dass als stilistische Besonderheit zumeist mehr benannt werden kann, als dass ›lange Sätze‹ den Text bestimmen. Das ist jedoch nur die halbe Wahrheit. Der Eindruck eines unaufhaltsam vorwärtsdrängenden, ganz und gar unvermeidlichen Geschehens ergibt sich erst daraus, dass die langen Sätze jeweils auch viele neue Sachverhalte aufnehmen, also in ihnen eine hohe Informationsdichte vorliegt.

1. Indirekte Rede

Gut klarmachen kann man sich diese Verdichtung an den langen Passagen in indirekter Rede. Sie in direkter Rede wiederzugeben würde deutlich mehr Worte erfordern, wenn sich ein halbwegs wahrscheinlicher Redefluss ergeben soll, wie etwa die folgende Passage zeigt:

»Der Graf, nach einer kurzen Pause, in welcher er alle Merkmale der größten Unruhe gegeben hatte, sagte, indem er sich zur Mutter wandte, dass er sein Äußerstes getan hätte, um dieser Geschäftsreise auszuweichen; dass die Schritte, die er deshalb beim General en Chef, und dem General K…, seinem Onkel, gewagt hätte, die entscheidendsten gewesen wären, die sich hätten tun lassen; dass man aber geglaubt hätte, ihn dadurch aus einer Schwermut aufzurütteln, die ihm von seiner Krankheit noch zurückgeblieben wäre; und dass er sich jetzt völlig dadurch ins Elend gestürzt sehe.« (S. 15, Z. 26, bis S. 16, Z. 3)

In direkter Rede muss die Passage mindestens so wiedergegeben werden:
»Der Graf, nach einer kurzen Pause, in welcher er alle Merkmale der größten Unruhe gegeben hatte, sagte, indem er sich zur Mutter wandte: ›Ich habe mein Äußerstes getan, um dieser Geschäftsreise auszuweichen. Die Schritte, die ich deshalb beim General en Chef, und dem General K…, meinem Onkel, gewagt habe, sind die entscheidendsten gewesen, die sich haben tun lassen, doch sie haben nichts genützt. Meine Vorgesetzten haben geglaubt, mich mit diesem Auftrag aus einer Schwermut aufzurütteln, die, wie sie meinen, mir von meiner Krankheit noch zurückgeblieben ist. Wenn ich jetzt von der Marquise abgewiesen werde, sehe ich mich durch die Abordnung zu dieser Reise völlig ins Elend gestürzt.«

Auch die Verfilmung von Eric Rohmer, die die handelnden Personen ganze Passagen in direkter Rede sprechen lässt, muss immer wieder zu Ergänzungen greifen, so oft sie die Passagen im Ganzen auch kürzt.

Arbeitsauftrag

- vgl. den Arbeitsauftrag auf dem Arbeitsblatt (S. 56)

Kopiervorlage
→ Seite 56

Erwartungen

- Individuelle Lösungen. Die unterschiedlichen Ausformulierungen in wörtlicher Rede werden alle gemeinsam haben, dass sie sie den Umfang des Textstückes vergrößern. Es könnte auch bemerkt werden, dass der Text so weniger zielgerichtet, weniger dynamisch wirkt. Die Erkenntnis, dass es beim Erzählen nie allein darauf ankommt, was erzählt wird, sondern auch, wie es erzählt wird, kann so jedenfalls gut vermittelt werden. Die Schüler werden längst selbst erfahren haben, dass manche gut erzählen können, andere aber nicht.

Einzelarbeit (eventuell als Hausaufgabe)

Besprechung der Ergebnisse im Plenum

2. Übertreibungen

Zwei Szenen, die sich aufeinander beziehen, fallen durch eine schwer erträgliche Maßlosigkeit auf: die Abkehr des Kommandanten von seiner Tochter (S. 30, Z. 20, bis S. 31, Z. 33, sowie S. 39, Z. 10, bis S. 41, Z. 7) und seine Aussöhnung mit ihr (S. 45, Z. 10, bis S. 48, Z. 10).

Kopiervorlage → Seite 56

Arbeitsauftrag

■ vgl. den Arbeitsauftrag auf dem Arbeitsblatt (S. 56)

Novellentext

Gruppenarbeit

Unterrichtsgespräch

Erwartungen

■ Dass der Kommandant zur Pistole greift, als die Marquise sich ihm zu Füßen wirft, um ihn von ihrer Ehrlichkeit zu überzeugen (vgl. S. 31, Z. 14–18), ist vielleicht als eine Geste der Ohnmacht noch nachvollziehbar. Seine Rede, als er die Zeitungsanzeige liest, in der der Kindsvater sein Kommen ankündigt, sprengt jedoch jedes Maß: »[O] die verschmitzte Heuchlerin! Zehnmal die Schamlosigkeit einer Hündin, mit zehnfacher List des Fuchses gepaart, reichen noch an die ihrige nicht!« (S. 39, Z. 19–22) Das könnte ein Bühnenmonolog bei Shakespeare sein, mit einer wahrscheinlichen Rede hat es nichts zu tun.

Noch unfasslicher ist aber die Versöhnungsszene. Als der Kommandant erfährt, dass er seine Tochter zu Unrecht der Lüge bezichtigt hat, und sich entschuldigen kommen muss, hört man ihn schon »von Weitem heranschluchzen« (S. 45, Z. 31 f.). Dann beugt er sich »ganz krumm, und heulte, dass die Wände erschallten« (S. 46, Z. 15 f.). Schließlich sieht die Mutter den Vater, die Marquise auf seinem Schoß, »mit Fingern und Lippen in unsäglicher Lust über den Mund seiner Tochter beschäftigt« (S. 47, Z. 32, bis S. 48, Z. 1). Beide gehen »wie Brautleute« zur Abendtafel, wo der Vater neuerlich »von Zeit zu Zeit« schluchzend mit der Hand seiner Tochter spielt (S. 48, Z. 7–10).

Der regelmäßige Hinweis in der Sekundärliteratur, dass sich Kleist mit dieser Beschreibung auf eine Szene bezieht, die ein halbes Jahrhundert zuvor in Jean-Jacques Rousseaus (1712–1778) Roman »Julie oder Die neue Heloise« (»Julie ou la Nouvelle Héloïse«, 1761) zu finden ist (vgl. den Textauszug auf dem Arbeitsblatt), erklärt das Maß- und Geschmacklose daran nicht. Bei Rousseau ist es überdies auch die Tochter, die in einem Brief an eine Freundin eine solche Kuss-Versöhnung schildert, und zwar, weil der Vater sie zuvor geohrfeigt hat.

Warum hat Kleist diese von einem ›empfindsamen‹ Mädchen beschriebene Szene so über alles Maß hinaus aufgebläht (sofern er überhaupt an sie gedacht hat)? In der Sekundärliteratur ist viel von Auflösung der Familienstrukturen, einem Inzestverhältnis zwischen Vater und Tochter (was dann auch deren Haltung dem Grafen gegenüber bestimmen soll), einem Verrat der Tochter an der Mutter und Ähnlichem mehr die Rede. Mit dem Hauptgeschehen hat das alles jedoch nichts zu tun, es erklärt daran rein gar nichts. Man kann also ebenso nur eine emphatische Überbetonung zweier besonders emotionaler Momente, erst der Verstoßung, dann der Wiederannahme der Tochter, darin sehen. Etwas Befremdliches behalten die Szenen so oder so. Auch der wohlwollendste Interpret kann einem laut durch das Haus heulenden Festungskommandanten und erst recht einem Vater, der wie ein Halbwüchsiger mit der eigenen erwachsenen Tochter herumkost, nichts Sympathisches abgewinnen.

Ein Fragezeichen setzt diese Szene aber auch hinter ein Deutungsmuster, das die Geschichte der Marquise als die einer »weiblichen Emanzipation« versteht (Schmidt, S. 202 f.). Die Begierde, ja geradezu Lust der Tochter, sich mit dem Vater wieder zu versöhnen, passt nicht zu der Vorstellung einer schrittweisen Befreiung aus dessen Bevormundung. Es gibt einen solchen Prozess, gewiss, aber für den emphatischen Moment wird er auch wieder vergessen, weil es Kleist hauptsächlich um etwas anderes geht, nämlich um die Situation des Verkanntseins und die in diesem Falle glückhafte Erlösung aus ihr.

Modul 6
Aufsatztraining

Ein Aufsatzthema für diese Novelle zu finden, das nicht auf eine Inhaltsangabe hinausläuft, ist schwierig. Die handelnden Personen zu charakterisieren wäre unergiebig. Man erfährt von ihnen nur, was sie in dem erzählten Konflikt tun, wie sie sich zu dem einen zentralen Problem verhalten. Dieses Verhalten genauer zu durchdenken könnte sogar desillusionierend sein. Es könnte darauf hinauslaufen, dass man den Grafen für feige hält und die Marquise für dumm. Da die Schüler vermuten werden, dass das nicht erwünscht ist, werden sie über die Nacherzählung der Handlung kaum hinauskommen.

1. Die Ausgestaltung des zeitraffenden Schlusses der Novelle

Eine Möglichkeit, etwas Zusätzliches zu leisten, bietet aber der zeitraffende Schluss. Ihn auszufüllen, also zu erklären, wie sich die Annäherung der Ehepartner vollziehen könnte, setzt voraus, dass man sich das Problem zwischen ihnen verdeutlicht, nämlich eine große Verletztheit auf der einen und ein großes Schuldbewusstsein auf der anderen Seite. Das aber ist eine Konstellation, die in jeder Paarbeziehung vorkommen kann.

Es ist allerdings fraglich, ob die Lebenserfahrung von Schülern ausreicht, sich den Annäherungsprozess eines Ehepaares über ein Jahr hin Schritt für Schritt auszumalen (sofern die menschliche Phantasie überhaupt dafür ausreicht). Man sollte also auf dem einen Jahr nicht bestehen, sondern nur erörtern lassen, welche Gesten und Handlungen auf der Seite des Grafen und welche Reaktionen auf der Seite der Marquise vorstellbar sind. Das könnte zum einen in einer neutralen, also beide Seiten erfassenden Beschreibung geschehen, es könnte aber auch perspektivisch entweder aus der einen oder der anderen Sicht erzählt werden. Aber auch eine der Sichten vorzugeben und eine der anderen daraus zu entwickeln, könnte eine Aufgabenform sein.

Arbeitsauftrag

- vgl. den Arbeitsauftrag auf dem Arbeitsblatt (S. 57)

Kopiervorlage
→ Seite 57

Einzelarbeit

Erwartungen

Vorschlag 1: Die schrittweise Annäherung in einer neutralen Beschreibung

Nachdem der Graf dem kleinen Julius 20000 Rubel in die Wiege gelegt hatte, war bei Juliettas Eltern das Eis gebrochen. Von so einem Schwiegersohn konnten andere nur träumen: reich, jung, gutaussehend und auch noch von bestem Benehmen, wenn man von der einen Unbeherrschtheit bei der Eroberung der Zitadelle absah. Nur Julietta hatte sich von dem Geld nicht beeindrucken lassen. Sie behandelte ihren Mann, der er ja nun war, äußerst abweisend. Sogar ihre Hand entzog sie ihm, wenn er sie mit dem üblichen Handkuss bei seinen Besuchen begrüßen wollte. Dass er sie berührt, sie schamlos missbraucht hatte, als sie in Ohnmacht gefallen war, schien sie ihm nicht vergessen zu können. Andererseits fiel auf, dass sie sich für die Treffen im Familienkreis besonders verführerisch anzog. Wenn der Graf dann sehnsüchtig zu ihr hinübersah – denn neben ihn setzte sie sich nie –, schienen ihre Blicke zu bedeuten: »Da kannst du noch so gucken, ein zweites Mal kriegst du mich nicht!«

Da war aber noch der kleine Julius, der dem Grafen unverkennbar ähnlich sah. Ihm war sie die zärtlichste Mutter. Sie lächelte ihn an, spielte mit ihm, küsste ihn, und jeder konnte sehen, dass er wirklich das »Geschenk Gottes« für sie war, das sie mit seiner Geburt erwartet hatte. Sie ließ aber auch zu, dass sein

Vater ihn auf den Arm nahm. Es kam deshalb vor, dass erst sie ihn küsste, dann er ihn herumtrug und küsste und ihn ihr schließlich zurückreichte, indem er den Kleinen anschaute und sagte: »Nun gehst du mal wieder zu deiner hübschen Mama!« Da schien es ihr von Mal zu Mal schwerer zu fallen, ihn nicht freundlich anzulächeln. Zu einem weniger frostigen Umgang trugen aber auch ihre beiden Töchter bei. Der Graf erzählte ihnen spannende Geschichten aus seiner Militärzeit, zeigte ihnen Zaubertricks und wusste sie jedes Mal mit etwas Neuem zu unterhalten. So konnten sie es bald kaum erwarten, dass er bei den Großeltern eintraf, und liefen ihm immer jubelnd entgegen.

Wenn Julietta mit dem Grafen und der ganzen Familie einen Spaziergang machte, konnte sie nicht so abweisend sein. Einmal hörte sie eine Frau zu einer anderen sagen: »Mit den beiden stimmt was nicht, guck mal, wie der Mann hinter ihr herschleicht.« Das fand sie so peinlich, dass sie sich beim nächsten Mal bei ihm einhakte und damit auch in Kauf nahm, dass er die ganze Zeit über ihre Hand hielt. Doch schien ihr das auch nicht unangenehm zu sein. Mehr und mehr spielte sie jedenfalls in der Öffentlichkeit die liebende Ehefrau für ihn. Sie rückte seinen Kragen zurecht, wenn er nicht richtig saß, fragte ihn, wenn sie eingeladen waren, ob er noch bleiben oder lieber aufbrechen wollte, und stimmte lächelnd allem zu, was er zur Unterhaltung beitrug. Nur wenn sie allein mit ihm war, blieb sie kühl und tat fremd, doch dem Alleinsein wichen sowieso beide lieber aus.

Der Graf, der ihr hin und wieder ein kleines Geschenk mitbrachte, bemerkte bald, dass er ebenfalls in Gesellschaft besser damit ankam. Traf er sie bei den Eltern allein an, legte sie die Päckchen nachlässig zur Seite und wartete jedes Mal, bis sie gemahnt wurde, sich dafür zu interessieren. Mal waren es ein paar durchbrochene weiße Handschuhe, mal ein besticktes Täschchen, mal eine Haarspange, nichts Teures eigentlich, aber doch immer Sachen, die gut zu ihr passten. Wenn aber Gäste da waren, sah sie gleich nach, was es wohl war. Sie freute sich herzlich, dankte ihm und stimmte mit ein, wenn alle ihn für seine Aufmerksamkeit lobten. Einmal war es ein goldglänzender seidener Schal. Sie legte ihn sich über ihr schwarzes Haar und erkannte an den Blicken ringsum, wie gut ihr das stand. Da konnte sie nicht anders, als ihren Mann zu umarmen und ihm einen Kuss zu geben. Fast sah es für die Tischrunde so aus, als wären sie beide rot geworden.

Immer öfter gab sie ihm danach Gelegenheit, etwas für sie zu tun. Sie ließ ihn in der Stadt das eine und andere besorgen, schickte ihn in ihre Zimmer, die er eigentlich nicht betreten durfte, um eine Kleinigkeit für sie zu holen, bat ihn am Abend, ihr vorzulesen, und gewöhnte ihn und sich selbst immer mehr an ihr Zusammensein. Bald bemerkten auch ihre Eltern, dass es ihr nicht unangenehm war, mit ihm allein zu bleiben. So kehrten ganz allmählich normale Verhältnisse in dem Haus ein, und als sie den Eltern vorschlug, mit einer förmlichen zweiten Hochzeit die Aussöhnung abzuschließen, war bei allen die Freude groß.

Leichter zu entwerfen als eine solche neutrale Darstellung ist sicherlich eine perspektivische, und hier wieder leichter eine aus der Sicht des Grafen als eine aus der Sicht der Marquise. Der Graf muss handeln, verschiedene Annäherungen versuchen, für seine Rolle gibt es gut vorstellbare Inhalte. Die Marquise hingegen muss nur überlegen, wann und wie sie nachgibt. Allerdings lässt sich auch für sie ein aktives Fördern der Beziehung annehmen.

Vorschlag 2: Die Sicht des Grafen

Nachdem ich dem kleinen Julius 20000 Rubel in die Wiege gelegt hatte, war ich mir sicher, dass Juliettas Eltern kein Wort mehr über meine Untat verlieren würden. Das war viel mehr Geld, als der Junge in seinem ganzen Leben brauchen würde. Er würde weder ihnen noch seiner Mutter jemals auf der Tasche liegen. Also konnten sie mir auch nicht mehr vorwerfen, ihn in die Welt gesetzt zu haben. Nur Julietta war mit dem Geld nicht zu beeindrucken. Sie blieb stur und warf mir bei der Taufe nicht ein einzigen Blick zu. Da musste ich mich wohl wirklich auf eine lange Durststrecke gefasst machen.

Zum Glück gab es aber unseren Sohn. »Ganz der Papa!«, sagten alle, wenn sie mit dem Jungen auf dem Arm hereinkam. Trotzdem herzte und küsste sie das Kind den ganzen Tag. Warum dann nicht auch mich? Ich war mir sicher, sie würde mir eines Tages verzeihen, ich musste nur Geduld haben. Zunächst einmal behandelte sie mich aber wirklich gemein. Zum Essen bei ihren Eltern erschien sie immer toll zurechtgemacht, ausgesprochen sexy, sogar ihre Mutter verdrehte manchmal die Augen zu mir hin. Doch über mich sah sie hinweg, als wäre ich Luft. Ich verstand natürlich, was das bedeuten sollte. »Mach dir keine Hoffnungen, du kriegst mich nicht!«, hieß das. Wenn sie allerdings gedacht hatte, mich auf die Art zu entmutigen, hatte sie sich getäuscht. Ich erklärte jedes Mal, was ich doch für eine reizende Frau hätte, und machte das so lange, bis sie ihr Verhalten wohl selbst albern fand und damit aufhörte.

Keinerlei Probleme hatte ich mit ihren beiden Töchtern. Nachdem sie erfahren hatten, wo ich überall schon gewesen war, bestürmten sie mich jedes Mal mit Fragen nach weiteren Erlebnissen. Ich erzählte ihnen von meinen Reisen und Kriegstaten und brachte ihnen auch kleine Zaubertricks bei, die ich hier und da gelernt hatte. Einmal fragte mich die ältere der beiden: »Du bist doch jetzt unser Papa, warum wohnst du nicht auch bei uns?« »Da müsst ihr eure Mama fragen«, antwortete ich, fügte aber anstandshalber hinzu, dass ich leider oft unterwegs sein müsse. Regelmäßig forderten sie mich aber auf, sie zu besuchen und an Familienfeiern teilzunehmen, und ihre Mutter konnte das nicht ablehnen.

Vor anderen musste sie nämlich so tun, als sei sie glücklich mit mir verheiratet. Ich merkte jedoch bald, dass das die beste Gelegenheit für mich war, ihr näherzukommen. Wenn sie neben mir am Tisch saß, musste sie zulassen, das ich mein Bein an das ihre drückte, musste dulden, dass ich unter dem Tisch ihre Hand festhielt, und konnte nicht anders, als mir bei meinen Worten auch noch zuzulächeln. Mehr und mehr spürte ich aber, dass ihr das gar nicht unangenehm war. Es war ja auch verrückt, dass sie von dem kleinen Julius immer wieder sagte, er sei ein Geschenk des Himmels für sie, aber von mir, der ich eigentlich der Himmel gewesen war, nichts wissen wollte. So dauerte es jedenfalls nicht mehr lange, bis sie überhaupt freundlicher zu mir wurde. Ich durfte abends noch länger bei ihr bleiben, wenn ihre Eltern schlafen gingen, und irgendwann war sie so weit, mir anzubieten, mich ein zweites Mal und nun richtig zu heiraten. Steter Tropfen höhlt den Stein, sagt man. Meine Hartnäckigkeit hatte sich wieder einmal bewährt.

Vorschlag 3: Die Sicht der Marquise

Der Graf, der nun mein Mann war, hatte wohl gedacht, dass er mit seinem vielen Geld alles in Ordnung gebracht hätte – doch nicht mit mir! Meine Eltern waren natürlich entzückt ... Es hätte nicht viel gefehlt, und meine Mutter hätte diesen Frauenschänder vor aller Augen umarmt! Ich zeigte ihm deshalb erst recht die kalte Schulter, und er machte auch einen ziemlich geknickten Eindruck nach der Zeremonie.

Ganz recht war es mir aber doch nicht, dass er so kleinmütig war. Mehr als einen Handkuss riskierte er mir gegenüber nicht, selbst wenn ich ihm die Hand nicht ließ. Eine ziemliche Belastung musste für ihn allerdings auch sein, dass unser Julius ihm so ähnlich sah. Mir machte das nichts aus, im Gegenteil, doch ihn musste es natürlich jeden Tag an seine Schandtat erinnern. Ich zeigte deshalb andauernd, wie sehr ich den Jungen liebte, und er nahm ihn dann auch einmal auf den Arm und küsste ihn. Doch mir gegenüber blieb er nach wie vor verklemmt. So kam ich auf die Idee, mich für ihn etwas aufzuhübschen, großer Ausschnitt, schöne Augen, doch es funktionierte nicht. Als ich in Ohnmacht gefallen war, hatte er die Beherrschung verloren. Doch jetzt? Anstatt mir mal mit einer kurzen Umarmung zu zeigen, wenn die Eltern es nicht sahen, wie hinreißend ich für ihn war, machte er nur spitze Bemerkungen. Ich kam mir immer dümmer mit meinen vergeblichen Aufforderungen vor und ließ es schließlich bleiben.

Zum Glück gingen meine beiden Mädchen entspannt mit ihm um. Ich hatte ihnen gesagt, dass er ein schlimmes Erlebnis gehabt hätte und deshalb manchmal traurig sei, sie sollten versuchen ihn aufzumuntern. Das gelang ihnen auch gut, bis ich der Älteren riet, ihn einmal zu fragen, warum er als ihr Papa nicht auch bei uns wohnte. Da fiel ihm nichts Besseres ein, als sie mit dieser Frage zu mir zu schicken! Er begriff eben auch gar nichts.

Wie ich mit der Zeit merkte, ging er in Gesellschaft aber lockerer mit mir um. Wenn wir nebeneinander saßen, rückte er vorsichtig an mich heran und wagte sogar, unter dem Tisch meine Hand zu nehmen. Da war mir klar, wie ich ihn mutiger machen konnte. Ich hakte mich bei ihm ein, wenn wir einen Spaziergang machten, und fiel ihm sogar vor einer ganzen Zahl von Gästen um den Hals, als er mir einen Seidenschal mitgebracht hatte. Abends, wenn die Eltern müde wurden, konnte ich ihn deshalb bald auch bitten, mir etwas vorzulesen, und immer öfter begleitete er mich bis zu meinen Zimmern, bevor er sich verabschiedete. Da wäre es das Einfachste für mich gewesen, in Ohnmacht zu fallen und auf die Wiederbelebung zu warten. Doch das schied leider aus. Er hätte mich womöglich auf dem kalten Boden liegen gelassen und einen Arzt geholt. Doch zuletzt war es auch nicht nötig. Irgendwann fasste ich mir ein Herz und schlug ihm vor, mich noch einmal zu heiraten. Das konnte er nicht ablehnen, und alles wurde gut.

Für alle drei Varianten ist allerdings wohl kaum zu vermeiden, dass die potenzielle Unmöglichkeit eines über ein Jahr sich hinziehenden Annäherungsprozesses sichtbar wird. An die drei Kinder, die es in dieser nicht vollzogenen, aber eigentlich erwünschten Ehe gibt, und zumal an das gemeinsame Kind hat Kleist fraglos nicht gedacht. Das nahezu unversöhnliche Beleidigtsein der Marquise bei einer gleichzeitig glücklichen Mutterschaft liegt einfach außerhalb der menschlichen Natur. Aber auch an den Skandal, der sich wegen der Zeitungsanzeigen um diese Ehe ranken muss, darf man sich bei dem behaupteten Aussöhnungsprozess nicht erinnern. Kleist hat eben allein das seelische Geschehen um Kränkung und Sühne im Blick gehabt und dessen weltliche Aspekte nicht bin ins Letzte abgewogen.

Klausurvorschlag mit Erwartungshorizont

Eine Möglichkeit, die Gründe für das Gekränktsein der Marquise genauer abzuwägen, liegt in dem Vergleich mit dem bereits besprochenen Vergewaltigungsfall von Teheran, der ebenfalls mit einer Heirat des Täters durch das Opfer beendet worden ist. In beiden Fällen steht die Reue des Mannes und seine Bereitschaft zu einer materiellen Entschädigung gegen die nachhaltige Verletztheit der Frauen; aber es gibt vorstellbare Abstufungen, mit denen sich die beiden Varianten wechselseitig kennzeichnen lassen.

Arbeitsauftrag

- vgl. den Arbeitsauftrag auf dem Arbeitsblatt (S. 58)

Kopiervorlage
→ Seite 58

Erwartungen

- Jeder Vergleich von Kleists Novelle »Die Marquise von O…« mit einem Fall von Vergewaltigung lässt sofort einen wesentlichen Unterschied in den Blick geraten: Die Marquise weiß nicht, warum sie schwanger geworden ist, eine vergewaltigte Frau jedoch wüsste es. Der Teheraner Fall handelt aber auch nicht von einer unerklärlichen Schwangerschaft, sondern allein von dem Umgang mit der Vergewaltigung selbst. Die Mutter eines sechzehnjährigen Mädchens hat den Täter angezeigt und ein Gericht ihn zum Tode verurteilt. Damit hat er die höchstmögliche Strafe erhalten; Mutter und Tochter können sein Vergehen als gesühnt ansehen.

Für die Marquise in Kleists Novelle kommt eine solche Reaktion überhaupt nicht Betracht. Als sie ihre Schwangerschaft bemerkt, fordert sie den dafür verantwortlichen Mann auf, sich bei ihr zu melden. Sie will ihn jedoch nicht anzeigen, sondern heiraten. An eine Bestrafung denkt sie keinen Moment. Man muss vielmehr den Eindruck haben, dass sie ihren Missbrauch überhaupt nicht als Übeltat ansieht – mit dem Heiratsangebot wird der Mann ja gewissermaßen noch für seine Tat belohnt. Nur unter dieser Voraussetzung kann sie hoffen, dass er sich auf ihre Suchanzeige hin meldet. Sie ist wohlhabend und geht davon aus, dass sie dem Täter gefallen haben wird; sie denkt nicht daran, ihm mit der Heirat eine Falle zu stellen. Sie möchte aus Rücksicht auf ihre Familie (vgl. S. 5, Z. 7) einen Vater für das Kind haben, das ist alles.

Um so überraschender ist eigentlich, dass sie, als der Graf sich zu seiner Untat bekennt, die Heirat zunächst ablehnt. Sie fühlt sich von dem Mann, den sie als ihren Retter verehrt und bewundert, durch den Missbrauch unversöhnlich beleidigt. Damit lässt sich ihre Situation aber mit der vergleichen, in die die Nachbarstochter in Teheran gekommen ist. Auch bei ihr oder ihrer Mutter muss eine solche Unversöhnlichkeit vorgelegen haben, denn das Strafmaß für einen Vergewaltiger wird den Frauen bekannt gewesen sein. Sie haben gewünscht oder wenigstens in Kauf genommen, dass er für sein Vergehen hingerichtet wird. Eine außergerichtliche Einigung, also die Zahlung einer Abfindung, scheint für sie nicht infrage gekommen zu sein.

Warum die Marquise ihre zunächst unversöhnliche Haltung doch noch aufgibt, lässt sich aus Kleists Andeutungen ausreichend klar erschließen. Zunächst einmal ist sie, wie sie zugesagt hat, mit dem Grafen verheiratet. Dass der Ehevertrag ihr alle Rechte einräumt und dem Mann nur die Pflichten, sieht sie als Möglichkeit an, ihm die Kränkung, die er ihr zugefügt hat, heimzuzahlen. Er muss für sie sorgen und vor aller Welt die Rolle ihres Ehemannes spielen, darf sich ihr aber, wenn sie es nicht will, nicht einmal für einen Kuss nähern. Was sie vielleicht nicht bedacht hat: was die Öffentlichkeit zu so einem Eheverhältnis sagen wird, und erst recht nicht, wie sie es ihren Kindern erklären kann. Die Frostigkeit einer solchen Beziehung kann auf die Dauer kaum auszuhalten sein, umso mehr, als dem Grafen an einer wirklichen Ehe liegt. Dass er für seinen Sohn einen großen Geldbetrag übergibt und sie als seine Frau zu seiner Erbin einsetzt, macht ihr die Ablehnung zusätzlich schwer. Wenigstens ihre Eltern, die sie sowieso nicht verstehen, setzen sie nun umso mehr unter Druck. So gibt sie schließlich nach und verzeiht ihm nach einem Jahr, denn dass sie ihn eigentlich gern hat, ist von Anfang an zu erkennen.

Bei dem Teheraner Fall liegen die Dinge komplizierter. Da nicht mitgeteilt wird, wie es zu der Vergewaltigung gekommen ist, kann man dazu nur etwas vermuten. Das Nachbarschaftsverhältnis legt es aber nahe, von einer Bekanntschaft zwischen dem Mädchen und dem Studenten auszugehen. Vielleicht gab es sogar eine angedeutete gegenseitige Neigung. Eines Tages muss es eine Gelegenheit für den Mann gegeben haben, das Mädchen allein anzutreffen. In der Annahme, dass sie ihn ebenfalls mag, hat er sich von ihr nicht zurückweisen lassen, und das Resultat war das todeswürdige Verbrechen einer Vergewaltigung. Ob das Mädchen selbst auf einer Anzeige bestanden hat oder nur die Mutter, macht keinen Unterschied. Der Ausgang wurde der, dass er sterben musste, wenn die Frauen ihm nicht verziehen.

In dieser Situation ihm eine Heirat anzubieten, bedeutet eine Vergebung, die weit über alles hinausgeht, was sich die Marquise zumuten muss. Die Eigentumswohnung, die sie verlangen, wird den wirtschaftlichen Möglichkeiten des Studenten oder denen seiner Eltern entsprechen. Sie soll zweifellos eine Rückversicherung für den Fall einer späteren Trennung sein. Was die Marquise als ›Entschädigung‹ erhält, ist weit mehr. Vielleicht hat die Tochter der Mutter gestanden, dass sie sich eine nähere Beziehung zu dem Studenten sogar gewünscht hat und sich an der entstandenen Situation nicht unschuldig fühlt. Zu bedenken ist aber auch, dass ein Mädchen, das im Iran wegen einer Vergewaltigung öffentlich ins Gerede gekommen ist, sicherlich nur noch geringe Heiratschancen hat. So könnte auch ein Eigeninteresse bei diesem Nachgeben im Spiel sein.

Gerade deshalb könnte die Situation des Studenten nach der Vergebung aber besser sein als die des Grafen. Zwar wird er seiner Frau immer sein Leben verdanken, darf sich aber auch sagen, dass sie ihn nicht hätte retten müssen. Anders als die Marquise, die sich zu der Heirat verpflichtet, bevor sie weiß, wer der Vater des Kindes ist, trifft sie ihre Entscheidung in reiflicher Überlegung. Bei dem Grafen jedoch kann immer ein Zweifel bleiben, ob ihm seine Untat nicht nur »um der gebrechlichen Einrichtung der Welt willen« (S. 53, Z. 20 f.) vergeben wird. Vielleicht macht gerade die Tatsache, dass die Marquise nicht wahrgenommen hat, was mit ihr geschehen ist, ihr ein bewusstes Verzeihen schwer. Eigentlich kann man nur etwas verzeihen, was man erlebt hat. Das Nichterlebte bleibt unverzeihlich oder es wird einem gleichgültig.

Personen, Ort und Zeit der Handlung

1 Ergänzen Sie die fehlenden Angaben.

Marquise von O..., Witwe Vorname: __________ (S. 10)	Mutter von __________ Kindern (S. 5 und S. 6).
Marquis von O... (eigentlich ›Markgraf‹, höherer Adelstitel)	Verstorben auf einer Geschäftsreise nach __________ Eigentümer eines Landsitzes bei __________ (S. 5).
Vater: Herr von G... Vorname: __________ (S. 39) Niederer Adel	Kommandant einer Zitadelle bei der Stadt __________ Die Stadt __________ ist eine »bedeutende« im __________ __________ (S. 5).
Mutter: Frau von G...	(Nähere Angaben fehlen.)
Bruder: Herr von G...	Beruf und Tätigkeit: __________ (S. 11). Eigentümer eines Landgutes bei __________ (S. 5).
Graf F..., Russe, rettet die Marquise vor einer Vergewaltigung und muss am nächsten Tag die Zitadelle verlassen.	Obristlieutenant vom __________ Jägerkorps (S. 8), spricht nach __________ Monaten (S. 10 und 13) wieder im Haus des Kommandanten in __________ vor, nachdem er vermeintlich bei __________ tödlich verwundet worden war (S. 10). Bei diesem Besuch befindet er sich mit Depeschen aus dem Hauptquartier in __________ auf dem Weg nach __________ (S. 16).

2 Da nur im Sommer 1799, nämlich in dem von England angeführten Zweiten Koalitionskrieg gegen Napoleon, die »Gegend umher mit den Truppen fast aller Mächte und auch mit russischen erfüllt« war (S. 5, Z. 22 f.), ist die Handlungszeit der in Oberitalien (vgl. Z. 1) spielenden Novelle ziemlich genau bestimmbar. Was könnte der Grund sein, dass in der 1808 erschienenen Novelle dennoch nur unbestimmt von dem »... Krieg« (Z. 21) gesprochen wird?

3 Einige Orte werden nur mit einem Anfangsbuchstaben bezeichnet, zwei mit ihrem vollen Namen. Was dürfte der Grund für dieses unterschiedliche Verfahren sein?

4 Warum hat der Autor wohl alle Personennamen (außer zwei Vornamen) unterdrückt und die Figuren lediglich durch Anfangsbuchstaben und Auslassungspunkte bezeichnet?

5 In welchem Licht erscheint diese Verschleierungstechnik, wenn man den kurzen Hinweis heranzieht, den Kleist dem Erstdruck der Novelle im Jahre 1808 in der von ihm mitherausgegebenen Zeitschrift »Phöbus« vorangestellt hat: »nach einer wahren Begebenheit, deren Schauplatz vom Norden nach dem Süden verlegt worden« (S. 77)?

6 Ein Zeitgenosse schreibt 1808 nach der Lektüre der »Marquise von O...« in einem Brief: »Der große Cervantes würde nimmer sagen: in dem ... Kriege, ein Oberst der ... Truppen, bei der Erstürmung von M..., die Marquise von O... O über den ekelhaften Kerl, der als Dichter ordentlich an sich halten will und beileibe nicht die ganze Welt enthüllen mag, in der seine Gestalten leben!« Was beanstandet er an Kleists Novelle?

Die Herkunft des Stoffes

Ältere und zeitgenössische Versionen des von Kleist verwendeten Missbrauchsmotivs

Auch wenn es einen Vorfall, wie Kleist ihn erzählt, nicht gegeben hat, sind immerhin doch mehrere Berichte von ähnlichen Vorkommnissen auffindbar.

Die deutlichste Entsprechung zu Kleists Novelle bietet eine Episode aus dem schon 1588 erschienenen Essay »Über die Trunksucht« von Michel de Montaigne (1533–1592). Hier ist es eine Bäuerin aus der Gegend von Bordeaux, die sich eine Schwangerschaft nicht erklären kann. Sie lässt den Verursacher deshalb durch Ausruf in der Kirche suchen, verbunden mit dem Angebot, ihn zu heiraten. »Einer ihrer jungen Ackerknechte, durch die Abkündigung dreist gemacht, erklärte, er habe sie an einem Festtage, da sie reichlich Wein getrunken gehabt, in so tiefem Schlafe und in einer solchen Stellung gefunden, dass er ihr habe beiwohnen können, ohne sie zu wecken. Sie leben noch miteinander verheiratet.« (Zitiert nach: Sabine Doering: Heinrich von Kleist: Die Marquise von O… Erläuterungen und Dokumente. Stuttgart: Reclam Verlag 2004, S. 39)

Ähnliche Episoden finden sich in der spanischen Literatur des 17. und 18. Jahrhunderts, weitere aber auch zu Lebzeiten Kleists. 1805 erscheint in dem Leipziger Almanach »Erholungen« die Erzählung »Amalie. Eine Begebenheit aus dem französischen Revolutionskriege«. Hier pflegt eine alleinstehende Frau mit Kind einen verwundeten französischen Soldaten. Er wird gesund und will sie heiraten. Das lehnt sie ab, weil sie wegen des Missbrauchs durch einen Soldaten entehrt sei. Der Soldat, der selbst einmal eine in Ohnmacht gefallene Frau missbraucht hat, sieht darin kein Hindernis und erkennt schließlich an einem Ring, dass seine Pflegerin die vormals von ihm missbrauchte Frau ist. So steht der Heirat nichts mehr im Wege.

1 Diese und weitere vergleichbare Geschichten spielen unter einfachen Leuten, unter Menschen ›aus dem Volk‹. Warum lässt Kleist seine Erzählung im höheren Adel spielen? Könnte sich der Vorfall auch zwischen einer Gastwirtstochter und einem Soldaten so wie hier entwickelt haben? Geben Sie in Stichworten an, was dann nicht wahrscheinlich wäre.

Die Missbrauchsszene

Der entscheidende Vorfall wird in der Erzählung nur durch einen Gedankenstrich angedeutet. Nachdem der Graf die Marquise aus den Händen mehrerer Soldaten befreit hat, führt er sie »in den anderen, von der Flamme noch nicht ergriffenen, Flügel des Palastes, wo sie auch völlig bewusstlos niedersank. Hier – traf er, da bald darauf ihre erschrockenen Frauen erschienen, Anstalten, einen Arzt zu rufen; versicherte, indem er sich den Hut aufsetzte, dass sie sich bald erholen würde; und kehrte in den Kampf zurück.« (S. 7, Z. 6–11)

Die Kürze der Zeit scheint den unauffälligen Missbrauch einer ohnmächtigen Frau, die so wie auf dem Bild von Jacques-Louis David gekleidet gewesen sein könnte, kaum zuzulassen. Eine Entkleidung war aber auch nicht notwendig. Frauen trugen unter ihren langen Kleidern und Unterröcken keine Hose, sondern nur ein offenes Beinkleid. Andernfalls hätten sie bei jedem Gang zur Toilette fremde Hilfe benötigt.

Ohnmachten kamen damals jedoch nicht selten vor, dauerten aber meistens nur wenige Minuten. Der Grund für sie waren die engen Korsagen. Die rabiate Einschnürung des Brustkorbes, wie die weibliche Mode sie vorschrieb, ließ ein tiefes Atmen nicht zu. Jede größere Aufregung konnte deshalb eine Unterversorgung mit Sauerstoff zur Folge haben und damit zu Schwindel und Bewusstlosigkeit führen. Im Liegen stabilisierte sich der Kreislauf jedoch schnell wieder, erst recht, wenn man die Korsagen lockerte.

1 Warum kann sich der Missbrauch der Marquise, deren Bekleidung man sich wie auf dem Bild unten vorstellen muss, Kleists Andeutungen zufolge nicht so abgespielt haben, wie es die Illustration von 1921 zeigt?

Foto: Bernd W. Seiler

Jacques-Louis David (1748–1825): »Emilie Sériziat mit Sohn«. Gemälde aus dem Jahre 1795

Foto: Bernd W. Seiler

Illustration zu Kleists Novelle von Arnold Gara (1882–1929) in einer Ausgabe von 1921

Weibliche Mode vor und nach 1800

Éric Rohmers Verfilmung von Kleists Novelle (»La Marquise d'O...«, 1976) zeigt die Personen, zumal die Frauen, in einem Kleidungsstil, an den Kleist in Bezug auf die Figuren seiner Novelle kaum gedacht haben wird, nämlich in dem erst mit Napoleons Herrschaft aufgekommenen Empire-Stil. Die unter der Brust gebundenen Kleider reichten wie in der Antike ohne Taillierung bis zu den Füßen und ließen mit ihren leichten, weichen Stoffen die Frauen besonders schlank erscheinen. In Frankreich gab es diese Mode, eine Art Reform-Kleidung in Abgrenzung zur Üppigkeit des Rokoko, etwa von 1800 an, in Deutschland erst einige Jahre später. Goethe hebt in seinem Roman »Die Wahlverwandtschaften« (1809) die »neuen, modischen Gewänder« an der jungen Ottilie eigens hervor. Kleist hat sich die Familie des italienischen Festungskommandanten daher wohl eher – wenn auch weniger prunkvoll – wie auf dem Bild »Die Familie Villers« (1790) gekleidet vorgestellt.

Edith Clever als Marquise in Éric Rohmers »La Marquise d'O...« (1976)

»Zeichnende junge Frau« von Marie-Denise Villers (1774–1821). Selbstbildnis von 1801 (Ausschnitt)

»Die Familie Villers« (1790). Gemälde von Jean-Bernard Duvivier (1762–1837)

Die Missbrauchsszene in der Verfilmung

Éric Rohmer (1976), der sich in seiner Verfilmung von Kleists Novelle sonst in allem eng an dessen Angaben hält, hat den Missbrauch einer Frau unter den angedeuteten Umständen wohl nicht für glaubhaft inszenierbar gehalten. Die Marquise muss deshalb hier, um nach der gerade noch abgewendeten Vergewaltigung zur Ruhe zu kommen, ein Schlafmittel einnehmen. Ihr provisorisches Nachtlager befindet sich in einem Keller, in dem noch viele andere Personen schlafen, sodass auch der Graf dort herumlaufen kann. In einem Seitengewölbe findet er sie allein so vor:

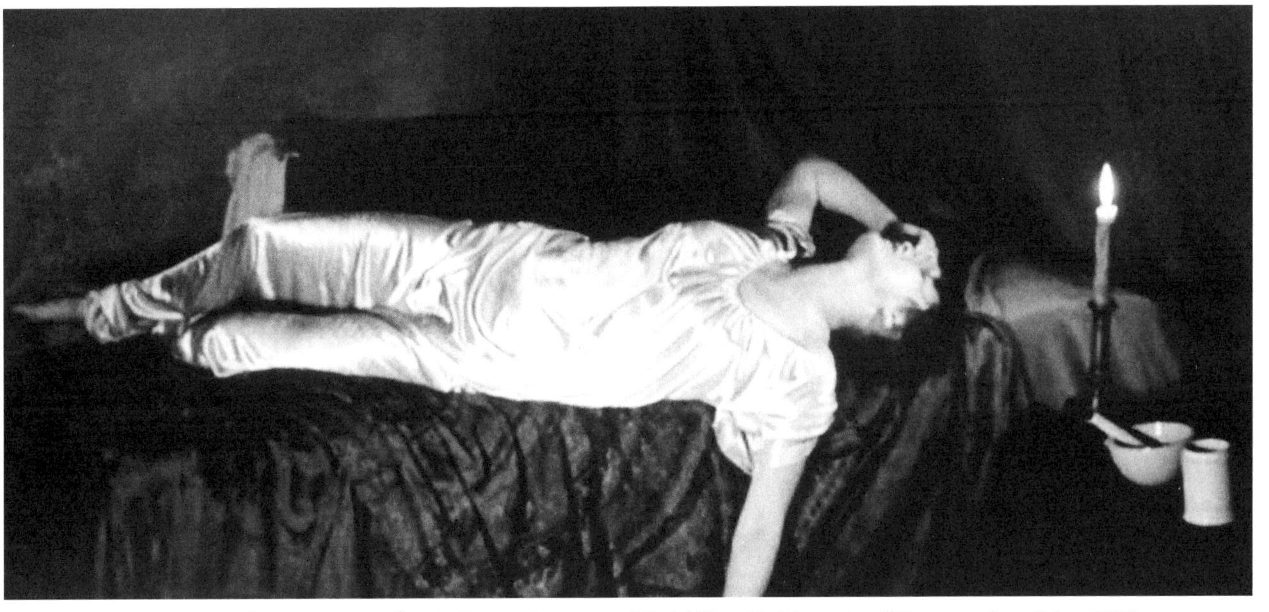

Edith Clever (geb. 1940) als Marquise in Éric Rohmers (1920–2010) Spielfilm »La Marquise d'O…« aus dem Jahre 1976

Das macht sie für ihn zu einer Verlockung, der er nicht widerstehen kann.

1 Überlegen Sie, was alles an dieser Situation nicht zu den genannten Umständen passt. Mörser und Becher deuten – auch für den Grafen – auf die Einnahme eines Schlafmittels hin.

1.	2.
3.	4.

Ein Fall aus heutiger Zeit

Dass eine in Ohnmacht gefallene oder aus anderen Gründen bewusstlose Frau von ihrem Missbrauch nichts bemerken oder keine Erinnerung daran zurückbehalten muss, hat ein 2016 entschiedener Strafprozess gegen einen »Bamberger Klinikarzt« (Internet-Stichwort) gezeigt. Er hatte den Frauen erklärt, ihnen ein Kontrastmittel für eine Ultraschalluntersuchung zu spritzen, ihnen tatsächlich aber ein Betäubungsmittel verabreicht, mit dem er sie wehrlos machte. Danach missbrauchte er sie der Anklage zufolge und hat sie bei diesen Vorgängen gefilmt und fotografiert. Eine Medizinstudentin, die sich über ihre Erinnerungslücken nach der Behandlung wunderte, ließ ihr Blut untersuchen und brachte den Arzt mit dem Nachweis des Betäubungsmittels vor Gericht. Keine der vielen Frauen, die nachweislich seine Opfer wurden, hatte etwas von den Missbrauchshandlungen mitbekommen. Von der Wirkung sogenannter K.O.-Tropfen gibt es ähnliche Berichte.

Die Handlung

1 Nummerieren Sie die Illustrationen entsprechend dem Handlungsverlauf und kennzeichnen Sie kurz die jeweils abgebildete Situation.

A und D: Holzschnitte von Hans Pape (1894–1970), Berlin 1928 – B: Zeichnung von Wolfgang Felten (1914–1963), Leipzig 1939 – C: Holzschnitt von Paul Helms (1884–1961), Hamburg 1934

E

I

J

E und J: Zeichnungen von Marta Worringer (1881–1965), München 1920 – F und G: Holzschnitte von Hans Pape (1894–1970), Berlin 1928 – H: Zeichnung von Wolfgang Felten (1914–1963), Leipzig 1939 – I: Zeichnung von Walter Scheidemantel (1894–1987), München 1921 –

Das Verhalten des Grafen

1 Der Hauptaspekt im Verhalten des Grafen ist sein immer mehr sich offenbarendes schlechtes Gewissen. Finden Sie auf den in der linken Spalte der Tabelle aufgeführten Seiten Belege dafür und unterscheiden Sie dabei zwischen ›Besorgnis‹, ›Reue‹, ›Scham‹, dem ›Versuch der Wiedergutmachung‹ und der ›Andeutung eines Geständnisses‹. Wann spätestens hätte sich der Graf offen zu seiner Untat bekennen sollen?

Seite	Verhalten des Grafen	Bewertung
7	leistet bei der Erhaltung der durch den Beschuss in Brand gesetzten Festung »Wunder der Anstrengung« (Z. 29 f.)	Versuch der Wiedergutmachung
9	wird rot, als er wegen der Rettung der Marquise gelobt wird (Z. 7–10)	Scham
9		
12		
14		
15		
20		
23		
34		
35 f.		
37		
49 f.		
53	macht dem Kind eine großzügige Schenkung und setzt die Marquise zu seiner Erbin ein (Z. 11–16)	Wiedergutmachung und Treuebekenntnis

Das Verhalten der Marquise

1 Im Verhalten der Marquise ist die Unerschütterlichkeit ihres Bewusstseins, keine Verfehlung begangen zu haben, der entscheidende Zug. Benennen Sie auf den in der Tabelle angeführten Seiten markante Situationen, in denen sich ihr reines Gewissen zeigt. Halten Sie aber auch die Handlungsmomente fest, in denen Ihnen das Unvermögen der Marquise, die richtigen Schlüsse zu ziehen, nicht mehr verständlich ist.

Seite	Verhalten der Marquise	Bewertung
10	bedauert, den Grafen nach seiner Rettungstat nicht mehr aufgesucht zu haben (Z. 21–26)	ist sich keinerlei Schandtat von seiner Seite bewusst
11		
12 und 14		
21		
23		
24		
27		
29 f.		

Seite	Verhalten der Marquise	Bewertung
33		
36		
43		
50 f.	sieht bei dem Geständnis des Grafen einen Teufel in ihm (S. 50, Z. 25, bis S. 51, Z. 7)	Dieser äußerste Abscheu ist rätselhaft und erklärungsbedürftig, da sie ihn ja eigentlich schätzt und ihm dankbar ist.

2 Wann begreift die Marquise, dass ihre Schwangerschaft auf einem Missbrauch beruhen muss, von dem sie nichts gemerkt hat?

3 Warum findet die Marquise den Missbrauch durch den Grafen so viel schlimmer, als wenn es ein Missbrauch durch jemand anderen gewesen wäre?

a. Wie erklärt sie das selbst? Wie ist diese Erklärung zu verstehen?

b. Welchen nicht genannten Grund könnte sie darüber hinaus haben? Denken Sie an ihren Wunsch, ihm eigentlich dankbar sein zu wollen.

4 Der Ehekontrakt legt dem Grafen alle Pflichten eines Ehemannes auf, gibt ihm aber keinerlei Rechte. Was geht der Marquise wohl durch den Kopf, wenn sie ihn mehrmals liest, über ihn nachdenkt und dann zustimmt?

Das Verhalten der Eltern

1 Wie verhalten sich die Eltern zu dem Heiratswunsch des Grafen, zur Schwangerschaft ihrer Tochter und zu ihrem Zögern, ihn nach seinem Geständnis als Ehemann noch zu akzeptieren?

Seite	Verhalten der Eltern	Bewertung
14–16	Der Vater reagiert zunehmend ungehalten auf das Drängen des Grafen, ihm die Hand der Marquise zuzusichern (S. 14, Z. 13, bis S. 16, Z. 11).	Er betrachtet sich gleichsam als Vormund seiner Tochter, obwohl diese bereits einmal verheiratet gewesen und nun verwitwet ist.
17	Die Mutter	
21	Die Mutter	
22	Der Vater	
27 f.	Die Mutter	
29	Die Mutter	
31	Der Vater	
38	Die Mutter	
39	Der Vater	
40 f.	Die Mutter	
46–48	Beide Eltern	

Seite	Verhalten der Eltern	Bewertung
50	Die Mutter	
51	Der Vater	
51f.	Beide Eltern	
53	Beide Eltern	

2 Welche List wendet die Mutter der Marquise an, um die Aufrichtigkeit ihrer Tochter zu prüfen, und was überzeugt sie?

3 Warum beurteilt die Mutter die Übeltat des Grafen milder als ihre Tochter? Unterscheiden Sie zwischen einer gesellschaftlichen und einer persönlichen Einschätzung.

a. gesellschaftlich

b. persönlich

4 Inwiefern nimmt der von Kleist behandelte moralische Konflikt um Kränkung und Sühne in dem folgenden Fall eine noch schärfere Form an?

Hochzeit statt Hinrichtung

Teheran – Ein wegen Vergewaltigung verurteilter Iraner will sein Opfer heiraten und dadurch seiner Hinrichtung entgehen. Laut Tageszeitung *Iran* war der 22-jährige Student Wahid wegen Vergewaltigung der 16-jährigen Nachbarstochter zum Tode verurteilt worden. Doch dann habe die Mutter des Opfers ihm angeboten, ihre Anzeige zurückzuziehen, wenn er ihre Tochter heiraten, ihr eine Wohnung im Wert von 125 000 Euro kaufen »und auch immer lieb zu ihr sein« würde. Wahid sei in Tränen ausgebrochen und habe zugestimmt. Dem Richter gegenüber musste er allerdings unter Eid versichern, dass er den Vorschlag nicht angenommen habe, nur um der Hinrichtung zu entgehen. Er muss zwar noch zwei Jahre im Gefängnis bleiben, darf aber für die Hochzeit Hafturlaub beantragen.

Quelle: DPA, 12. 12. 2016

5 Überlegen Sie gemeinsam, welche der Frauen, die Marquise oder die Nachbarstochter, mehr ›über ihren Schatten springen‹ muss, um dem Mann zu vergeben? Welcher der Männer, der Graf oder der Student, kann wohl sicherer sein, dass ihm wirklich alles vergeben ist?

Die Missverständnisse zwischen den Menschen

1 In der »Marquise von O…« missverstehen die Menschen einander fortwährend oder deuten ihre Motive und Absichten falsch. Benennen Sie fünf Situationen, in denen das der Fall ist.

Seite	Äußerung	Reaktion
15 (Z. 5–19)	Der Graf erklärt dem Kommandanten, dass er nur eine einzige nichtswürdige Handlung in seinem Leben begangen habe, die er aber gerade wiedergutzumachen im Begriff sei.	Der Kommandant geht mit keinem Wort auf diese Andeutung ein und denkt auch nicht über sie nach.

Die sprachliche Gestaltung

1. Indirekte Rede

1 Kleists gedrängte Erzählweise hat viel mit dem Gebrauch der indirekten Rede zu tun. Wie würde der nachfolgende Text lauten, wenn alle Äußerungen wörtlich wiedergegeben werden? Bemühen Sie sich um eine ebenso text- wie realitätsnahe Ausformulierung.

Nachdem die Szene unbegreiflicher Verwunderung vorüber war, und der Graf, auf die Anschuldigung der Eltern, dass er ja tot sei, versichert hatte, dass er lebe; wandte er sich, mit vieler Rührung im Gesicht, zur Tochter, und seine erste Frage war gleich, wie sie sich befinde? Die Marquise versicherte, sehr wohl, und wollte nur wissen, wie e r ins Leben erstanden sei? Doch e r, auf seinem Gegenstand beharrend, erwiderte: dass sie ihm nicht die Wahrheit sage; auf ihrem Antlitz drücke sich eine seltsame Mattigkeit aus; ihn müsse Alles trügen, oder sie sei unpässlich, und leide. Die Marquise, durch die Herzlichkeit, womit er dies vorbrachte, gut gestimmt, versetzte: nun ja; diese Mattigkeit, wenn er wolle, könne für die Spur einer Kränklichkeit gelten, an welcher sie vor einigen Wochen gelitten hätte; sie fürchte inzwischen nicht, dass diese weiter von Folgen sein würde. Worauf er, mit einer aufflammenden Freude, erwiderte: er auch nicht! und hinzusetzte, ob sie ihn heiraten wolle?

Heinrich von Kleist: Die Marquise von O... / Das Erdbeben in Chili. Braunschweig: Schroedel Verlag 2015, S. 12

Das Erscheinen des Grafen löste große Verwunderung aus. Die Eltern riefen durcheinander: » ...

2. Übertreibungen

1 Zwei Szenen der Novelle, die sich aufeinander beziehen, fallen durch eine schwer erträgliche Maßlosigkeit auf: die Abkehr des Kommandanten von seiner Tochter (S. 30, Z. 20, bis S. 31, Z. 33, sowie S. 39, Z. 10, bis S. 41, Z. 7) und seine Aussöhnung mit ihr (S. 45, Z. 10, bis S. 48, Z. 10). Die zweite Stelle ist vermutlich durch eine Passage aus dem Briefroman »Julie oder Die neue Héloïse« (1761) von Jean-Jacques Rousseau (1712–1778) angeregt. Dort hat der Vater die Tochter geohrfeigt, und sie schildert ihrer Freundin in einem Brief, wie sie sich mit ihm wieder versöhnt. – Was unterscheidet die Szene bei Kleist von der bei Rousseau und warum muss sich der Vater gegenüber der Marquise derart reuig zeigen?

»Ich tat, als glitt ich ab, und schlang, um mich zu halten, einen Arm um meines Vaters Hals, lehnte mein Gesicht an sein ehrwürdiges Antlitz, und im Augenblicke war er mit meinen Küssen bedeckt, mit meinen Tränen benetzt. An den Tränen, die seinen Augen entflossen, fühlte ich, dass auch er von einer großen Beschwerde erleichtert war; meine Mutter trat hinzu und teilte unser Entzücken. Süße, friedliche Unschuld, du allein fehltest meinem Herzen, um diese Szene der Natur zu dem wundervollsten Augenblicke meines Lebens zu machen.«

Jean-Jaques Rousseau: Julie oder Die neue Héloïse. Briefe zweier Liebenden aus einer kleinen Stadt am Fuße der Alpen. 1. Band. 1. Teil. 63. Brief. Übersetzt von Th. Hell. Berlin: Propyläen Verlag [1922], S. 241 f.

Aufsatztraining

In zwei Sätzen am Schluss bündelt Kleist das Geschehen eines ganzen Jahres:

Vom diesem Tage an [dem Tag der Taufe seines Sohnes] ward er, auf Veranstaltung der Frau von G..., öfter eingeladen; das Haus stand seinem Eintritt offen, es verging bald kein Abend, da er sich nicht darin gezeigt hätte. Er fing, da sein Gefühl ihm sagte, dass ihm von allen Seiten, um der gebrechlichen Einrichtung der Welt willen, verziehen sei, seine Bewerbung um die Gräfin, seine Gemahlin, von Neuem an, erhielt, nach Verlauf eines Jahres, ein zweites Jawort von ihr, und auch eine zweite Hochzeit ward gefeiert, froher, als die erste, nach deren Abschluss die ganze Familie nach V... hinauszog.

Aus: Heinrich von Kleist: Die Marquise von O... Braunschweig: Schroedel Verlag 2015, S. 53 (Schroedel Lektüren)

Arbeitsauftrag
Führen Sie aus, wie sich die Annäherung vollzogen haben könnte. Wie wird sich der Graf verhalten haben, wie die Marquise? Berücksichtigen Sie das gemeinsame Kind und überlegen Sie, wie sich der private und der öffentliche Umgang des verheirateten Paares in der Stadt M ... unterschieden haben könnten.

Alternative
Verfassen Sie in der Ich-Form einen Rückblick auf die Zeit der Annäherung entweder aus der Sicht der Marquise oder der des Grafen.

Klausur: Erörterung

Vergleich zwischen dem Teheraner Fall der vergewaltigten Nachbarstochter und Kleists Novelle »Die Marquise von O ...«

Hochzeit statt Hinrichtung

Teheran – Ein wegen Vergewaltigung verurteilter Iraner will sein Opfer heiraten und dadurch seiner Hinrichtung entgehen. Laut Tageszeitung *Iran* war der 22-jährige Student Wahid wegen Vergewaltigung der 16-jährigen Nachbarstochter zum Tode verurteilt worden. Doch dann habe die Mutter des Opfers ihm angeboten, ihre Anzeige zurückzuziehen, wenn er ihre Tochter heiraten, ihr eine Wohnung im Wert von 125 000 Euro kaufen »und auch immer lieb zu ihr sein« würde. Wahid sei in Tränen ausgebrochen und habe zugestimmt. Dem Richter gegenüber musste er allerdings unter Eid versichern, dass er den Vorschlag nicht angenommen habe, nur um der Hinrichtung zu entgehen. Er muss zwar noch zwei Jahre im Gefängnis bleiben, darf aber für die Hochzeit Hafturlaub beantragen.

Quelle: dpa (Deutsche Presse-Agentur), 12. Dezember 2016

Vergleichen Sie den Ihnen bereits aus dem Unterricht bekannten Fall aus dem heutigen Iran mit Kleists Novelle. Berücksichtigen Sie dabei die folgenden Aspekte:

- Worauf liegt bei Kleist der Schwerpunkt?
- Worauf liegt im Unterschied dazu der Schwerpunkt bei dem Vorfall in Teheran?
- Wie schwer wiegt aus Ihrer Sicht das Vergehen des einen, wie schwer das des anderen Mannes?
- Welche Gründe des Einlenkens hat die Marquise oder welche könnte sie haben?
- Welche – verschiedenen – Gründe dafür könnte es bei der Nachbarstochter geben?
- Welcher der Männer kann sicherer sein, dass ihm seine Tat wirklich verziehen worden ist?

»Das Erdbeben in Chili«

Modul 1
Annäherungen an die Novelle

Die erste Annäherung erfolgt über die Frage, ob das von Kleist erzählte Geschehen auf einem tatsächlichen Vorkommnis beruht oder sich nach Ort und Zeit wenigstens so zugetragen haben könnte. Ohne Informationen lässt sich das nicht beurteilen. Man kann dazu Arbeitsaufgaben stellen, kann die Vermutungen der Schülerinnen und Schüler (im Folgenden: Schüler) aber auch in einem Lehrervortrag beantworten.

1. Die behauptete Historizität

Mit der Nennung von Ort und Zeit – dem »Augenblicke der großen Erderschütterung vom Jahre 1647« (S. 57, Z. 2f.) in Santiago de Chile – gibt sich die Novelle gleich in den ersten Zeilen als Mitteilung eines tatsächlichen Ereignisses aus. Auch wenn das zu Kleists Zeit nur die wenigsten Leser gewusst haben werden: Es hat 1647 wirklich ein schweres Erdbeben in Santiago gegeben, mit Tausenden Toten und all den Begleitumständen, die die Zerstörung einer größeren Stadt mit sich bringen. Aber auch eine gewisse Ortsdeutlichkeit scheint für das Authentische der Geschichte zu sprechen. Der an der Stadt entlang fließende »Mapochofluss« wird genannt (S. 59, Z. 27), ebenso ein Hügel (vgl. S. 60, Z. 2), der damals am Rand der Stadt lag – heute liegt er mitten darin – und den man als den Colline Santa Lucia identifizieren kann. Auch »Berggipfel« (S. 61, Z. 18) und Täler finden sich in der näheren Umgebung Santiagos.

Wie viele Zeitgenossen geglaubt haben, dass es sich bei Kleists Novelle um eine authentische oder halb-authentische Geschichte handle, ist nicht erschließbar. Eine Quelle jedenfalls hat sich nicht finden lassen, und jede genauere Befassung mit den Zeit- und Ortsumständen erweist, dass es sie auch nicht geben kann. Kleist hat zwar fraglos einiges über Santiago und das Erdbeben von 1647 gelesen, aber sicherlich nicht alles, was damals darüber bekannt war, und schon gar nicht das, wovon er erzählt. Zeugnisse dafür, dass man seine Ausmalungen in erheblichem Umfang übernommen hat, gibt es in literaturwissenschaftlichen Arbeiten aber noch bis weit in das 20. Jahrhundert hinein. Chile war damals wie später eben viel zu weit weg, als dass man genauere Vorstellungen von den dort herrschenden Verhältnissen hätte haben können.

Nach Susanne M. Zantop geht die Handlung auf den Roman »Les Incas. Ou la Destruction de l'Empire du Pérou« von Jean-François Marmontel (1723–1799) zurück. Der spanische Konquistador Alonzo verliebt sich dort in die der Sonnengottheit geweihte Jungfrau Cora und kommt durch ein Erdbeben, das deren Tempel zerstört, mit ihr zusammen. Als sie schwanger wird, soll sie wegen des Verstoßes gegen ihr Gelübde hingerichtet werden. Der Konquistador kann die Inkas aber von dem Recht auf Liebe überzeugen und heiratet sie. Dann jedoch wird er bei einem Überfall durch Pizarro, den Eroberer des Inka-Reiches, getötet, und Cora stirbt ihm mit dem Kind nach. – Da dieser Roman zu Kleists Lebzeiten nur in der französischen Originalausgabe von 1777 verbreitet war, muss man allerdings bezweifeln, ob Kleist ihn kannte. Davon abgesehen wären es nur einige Motive, die ihn angeregt haben könnten, der Schwerpunkt der Handlung mit den wechselnden Folgen des Erdbebens ist bei ihm ein anderer.

Eine Anregung könnte eher von dem 1795 in Hamburg erschienenen Büchlein »Alonzo und Elvira oder das Erdbeben von Lissabon. Dramatisch geschildert von F. T. N.« ausgegangen sein (http://digital.staatsbibliothek-berlin.de/). Der Verfasser Friedrich Theodor Nevermann (Lebensdaten unbekannt) entwickelt die Handlung nach Art eines Dramas in Wechselreden: Alonzo bricht nach Lissabon auf, um seine Verlobte Elvira abzuholen, gerät dort in das Erdbeben, ver-

Holzschnitt von Paul Helms (1884–1961) zu Heinrich von Kleists Novelle »Das Erdbeben in Chili«.
Aus: »Zucht und Freiheit. Erzählungen von Heinrich von Kleist«, Hamburg (Deutsche Hausbücherei) 1934

misst sie, findet sie und nimmt sie mit zu seinen Eltern aufs Land. Die Schäden werden erwähnt, die das Erdbeben in Lissabon angerichtet hat, dazu Plünderungen, Trunkenheit und eine Art Strafgericht über die Einrichtungen der Inquisition. Behandelt werden aber auch die Hilfeleistungen der Eltern Alonzos, die einen Kahn mit Waren nach Lissabon losschicken. Die Liebesgeschichte ist hier hauptsächlich dazu da, die Auswirkungen des Erdbebens aus einer persönlichen Sicht zu schildern.

Was die Glaubhaftigkeit der Geschichte angeht, so sind es gerade die so verhältnismäßig genauen Angaben Kleists, die zu Zweifeln führen können. Für das Verständnis und die Deutung der Novelle sind die Befunde dazu allerdings ohne Belang, man kann sie auch beiseite lassen. Die Auffindung der betreffenden Unstimmigkeiten setzt jedoch ein genaues Lesen und Nachdenken voraus, und das ist immer ein Nutzen für sich.

Arbeitsauftrag

- Das historische Erdbeben in Santiago de Chile fand am 13. Mai 1647 statt. Finden Sie heraus, ob Kleist dieses Datum auch der von ihm erzählten Geschichte zugrunde gelegt hat.

Novellentext

Einzelarbeit

Unterrichtsgespräch

Erwartungen

- Bei genauerem Hinsehen lässt sich ein Widerspruch ausmachen. Bei Kleist muss der Tag des Erdbebens eher ein Tag im Juli sein, denn es ist das Fronleichnamsfest (S. 57, Z. 20f.), an dem Josephe auf den Stufen der Kathedrale in Mutterwehen niedersinkt. Das wäre ein Tag zwischen dem 21. Mai und dem 24. Juni, und bis zu ihrem Hinrichtungstag, an dem sich das Erdbeben ereignet, vergehen noch die »Wochen« (S. 57, Z. 28) ihres Kindbetts. Man könnte das Fronleichnamsdatum für 1647 auch kalendarisch genau ermitteln – in jenem Jahr war es der 20. Juni –, aber die Abweichung von dem historischen Zeitpunkt ist auch so erkennbar.

Arbeitsauftrag

- Prüfen Sie, welche Klima- und Wetterbedingungen in Santiago de Chile zur Handlungszeit der Novelle anzunehmen sind.

Novellentext

Einzelarbeit

Unterrichtsgespräch

Erwartungen

- Santiago liegt auf der Südhalbkugel der Erde, sodass in unseren Sommermonaten dort Winter ist. Das bedeutet für Juli eine nasskalte, unfreundliche Zeit, in der es weder eine »blühende Gegend« (S. 60, Z. 11) um die Stadt herum geben kann noch eine laue Nacht wie die im Tal, wo sich die Menschen in paradiesischer Idylle im Freien lagern (vgl. S. 64). Bis zu einem späten Nachweis dieses Sachverhaltes (Seiler, S. 110) ist das jedoch niemandem aufgefallen. Man dachte sich Chile einfach als ein »südliches« Land, in dem Sommerverhältnisse um Fronleichnam herum nichts Fragliches haben. Leider nur erträgt es die Literaturwissenschaft nicht, dass ein Dichter wie Kleist es ebenfalls nicht besser gewusst hat. Deshalb nunmehr: Alles Absicht! Die »offensichtliche« Abweichung von der Realität soll uns etwas sagen. Wir sollen ihr entnehmen, dass es sich hier um eine Kunstwelt handelt, der gegenüber wir uns als Leser auf unser »vermeintlich« besseres Wissen nichts einbilden dürfen (Oellers, S. 85–107). Festzustellen aber, dass man heute von den klimatischen Verhältnissen ferner Länder mehr weiß als vor zweihundert Jahren, kann niemanden kränken. Es sind eher die falschen Unterstellungen, die die Literatur früherer Zeiten ihrer Auskünfte berauben.

Lehrervortrag

Historisch ausgesprochen zweifelhaft ist auch das Rechtsgeschehen der Novelle, also die Verhängung der Todesstrafe über eine Nonne, die ein Kind bekommt. Nach dem kanonischen Recht, das sich mit dem Thema der Unkeuschheit von Nonnen bezeichnenderweise ziemlich ausführlich beschäftigt, hat es eine solche Sanktion nicht gegeben. Nonnen, die schwanger wurden, hat man zwar mit allen möglichen Klosterstrafen belegt, jedoch niemals an die weltliche Justiz ausgeliefert. Für eine Novizin wie Josephe (vgl. S. 57, Z. 22), die das Keuschheitsgelübde noch gar nicht abgelegt hat, ist das folglich erst recht nicht anzunehmen. Weltlich belangt und bestraft, im Mittelalter sogar mit dem Tod, wurde aber stets der in ein Kloster eingedrungene

Mann (vgl. Seiler: »Die leidigen Tatsachen«, S. 108). Gerade der wird bei Kleist jedoch zunächst verschont, und dass auch ihn die Todesstrafe erwartet, kann man nur vermuten.

Foto: Bernd W. Seiler

»Das Erdbeben in Chili«. Zeichnung von Otto Hettner (1875–1931) in der Ausgabe der Pan-Presse (Berlin 1914)

Warum ist auch das nicht als unrichtig aufgefallen? Der Grund ist die Spanische Inquisition, die man auch in den überseeischen Kolonien am Werk wusste. Die Berichte von deren Grausamkeit liefen durch ganz Europa, und so konnte man für das ferne Chile auch die Hinrichtung einer unkeuschen Novizin für möglich halten. Selbst die Zensur in Wien, die den ersten Band der Erzählungen Kleists 1810 verbot, beanstandete am »Erdbeben in Chili« nicht den gewissermaßen verleumderischen Sachverhalt der Todesstrafe gegen Josephe, sondern die hetzerische Predigt des Chorherren am Schluss, die zur Erschlagung des unsittlichen jungen Paares führt (vgl. Appelt/Grathoff, ED, S. 102). Hinzu kam, dass im damaligen Heiligen Römischen Reich Deutscher Nation 1803 die Klöster geschlossen worden waren und sich damit auch die für sie geltenden Regeln immer mehr im historischen Dunkel verloren.

2. Die Gegenwärtigkeit schwerer Erdbeben im 18. Jahrhundert

In ganz anderer Deutlichkeit aber kannte diese Zeit die Gewalt schwerer Erdbeben. Das Erdbeben von Lissabon im Jahre 1755 war ein Jahrhundertereignis gewesen, mit fünfzigtausend oder auch siebzigtausend Toten und der nahezu kompletten Zerstörung einer der reichsten Städte Europas. 1783 dann hatte noch einmal ein schweres Erdbeben Messina und Süditalien betroffen und wiederum gezeigt, wie ohnmächtig das aufgeklärte Zeitalter der Allmacht der Natur oder auch Gott gegenüber war. (Für ein Referat über das Erdbeben von Lissabon bietet das Internet ausreichend Informationen.)

Arbeitsauftrag

Novellentext

Gruppenarbeit

- Überlegen Sie, warum Kleist nicht das Erdbeben von Lissabon (1755) oder das Erdbeben von Messina (1783) zum Handlungshintergrund seiner Geschichte gewählt hat.

Unterrichtsgespräch

Erwartungen

- Die Antwort ist so schlicht wie naheliegend: weil diese Ereignisse viel zu gut dokumentiert waren, als dass sich ein Geschehen wie die Hinrichtung einer unkeuschen Novizin und die Ermordung mehrerer Menschen nach einer Predigt darin hätte unterbringen lassen. Auch lagen die Monate November (Lissabon) und März (Messina) für sie so unverrückbar fest, dass Sommerverhältnisse hier nicht hätten geschildert werden können. Gerade weil also Kleist seine Geschichte wahrscheinlich und ›echt‹ wirken lassen (und nicht etwa künstlich deren Erfundenheit anzeigen) wollte, ist er auf das 17. Jahrhundert und den Schauplatz Santiago ausgewichen. Denn dass er sich in der weltanschaulichen Bewertung des Geschehens ganz auf das Lissaboner Erdbeben bezogen hat, wird noch darzulegen sein.

Modul 2
Der Handlungsablauf

Die Handlung gliedert sich deutlich in drei Teile. Der erste Teil umfasst die einjährige Vorgeschichte bis zum Wiedersehen des Paares nach dem Erdbeben. Der zweite Teil behandelt den etwa zwanzig Stunden dauernden Aufenthalt im Tal. Der dritte Teil gilt dem kaum mehr als zwei Stunden dauernden Kirchgang mit dem fatalen Ende. Die Teile haben etwa den gleichen Umfang – nur der mittlere ist etwas länger –, sodass also die Ausführlichkeit der Behandlung von Mal zu Mal zunimmt. Das entspricht auch dem Eindruck, dass alles auf den letzten als den wichtigsten Teil zuläuft.

1. Spielerische Überprüfung der Textkenntnis

Zur Absicherung der Textkenntnis kann vor der Analyse der einzelnen Teile eine Bilderreihe benutzt werden, die die wichtigsten Situationen wiedergibt. Die Bilderreihe kann auch als benoteter Test verwendet werden.

Arbeitsauftrag

■ vgl. den Arbeitsauftrag auf dem Arbeitsblatt (S. 82)

Kopiervorlage
→ Seite 82–83

Novellentext

Einzelarbeit

Abgleich der Ergebnisse im Unterrichtsgespräch

Erwartungen

■ Für die richtige Reihenfolge müssen die Bilder folgendermaßen beziffert werden:
A: 8 (Don Fernando bittet darum, sein Kind zu stillen) / B: 7 (Jeronimo und Josephe unter dem Granatapfelbaum) / C: 10 (Angriff auf die Gruppe Don Fernandos vor der Kirche) / D: 3 (Zuschauer bei Josephes geplanter Hinrichtung) / E: 2 (Josephe überkommen bei der Fronleichnamsprozession die Wehen) / F: 11 (Don Fernando verteidigt die Kinder) / G: 5 (Jeronimo flieht aus der Stadt) / H: 1 (Jeronimo und Josephe im Klostergarten) / I: 12 (Don Fernando nach dem Kampf) / J: 4 (Jeronimo im Moment des Erdbebens im Gefängnis) / K: 9 (Die aufhetzende Predigt beim Gottesdienst) / L: 6 (Jeronimo findet Josephe an der Quelle)

2. Erster Teil: Das Geschehen bis zum Wiedersehen des Paares im Tal

In den Tag des Erdbebens, verfolgt am Schicksal Jeronimos, wird in einer ersten Rückblende zunächst die Vorgeschichte der Liebe zwischen ihm und Josephe eingeschaltet und in einer zweiten beim Wiedersehen im Tal noch das gleichzeitige Schicksal Josephes. Das ist zwar in der Lektüre ohne Weiteres nachzuvollziehen, aber es ist aufschlussreich, sich den Handlungsablauf chronologisch zu vergegenwärtigen. Man erkennt auf diese Weise, wie Kleist darauf bedacht war, das über ein Jahr sich erstreckende Geschehen (S. 57, Z. 8) ganz mit dem Erdbeben selbst zu verbinden.

Kopiervorlage
→ Seite 84

Novellentext

Einzelarbeit

Abgleich der Ergebnisse im Unterrichtsgespräch

Arbeitsauftrag

■ vgl. den Arbeitsauftrag auf dem Arbeitsblatt (S. 84)

Erwartungen

■ Die zeitliche Abfolge der Vorgänge sieht so aus (siehe die Tabelle auf der nächsten Seite):

Zeitpunkt	Geschehen	Textstelle
Sommer 1646	Jeronimo muss das Haus von Don Henrico Asteron, in dem er als Hauslehrer angestellt ist, verlassen, weil er sich mit dessen Tochter Josephe eingelassen hat. Josephe wird im Karmeliterkloster untergebracht.	S. 57, Z. 8 f.
Herbst 1646	Jeronimo nimmt mit Josephe Verbindung auf und trifft sich nachts mit ihr im Klostergarten. Sie wird schwanger.	S. 57, Z. 17–20
Juni 1647 Fronleichnam	Josephe gelingt es, ihre Schwangerschaft vor den Nonnen zu verbergen, bis bei der Fronleichnamsprozession auf den Stufen der Kathedrale von Santiago die Wehen bei ihr einsetzen.	S. 57, Z. 20–24
Juli 1647	Josephe wird vor Gericht gestellt und wegen der Verletzung des Keuschheitsgebotes zum Tod durch Verbrennen verurteilt. Durch einen Gnadenerlass des Vizekönigs wird ihre Strafe in eine Enthauptung abgemildert.	S. 57, Z. 24, bis S. 58, Z. 7
Juli 1647	Jeronimo ist gefangen gesetzt worden, erfährt von dem Todesurteil gegen Josephe, versucht, die Gitterfenster durchzufeilen und wird noch schärfer bewacht.	S. 58, Z. 14–20
Der Moment des Erdbebens: Ende Juli 1647	Jeronimo hört die Glocken, die Josephe auf ihrem Gang zum Richtplatz begleiten, und will sich in seiner Zelle erhängen. Da stürzt das Gefängnis ein.	S. 58, Z. 24, bis S. 59, Z. 3
Der Moment des Erdbebens	Josephe ist dem Richtplatz schon nahe, als sich der Hinrichtungszug wegen des Einsturzes aller Gebäude auflöst.	S. 62, Z. 4–7
Die erste Stunde nach dem Beben	Jeronimo entkommt aus den Trümmern des Gefängnisses und rettet sich auf einen Hügel bei der Stadt.	S. 59, Z. 12–17, S. 60, Z. 1–3
Die erste Stunde nach dem Beben	Josephe kann ebenfalls fliehen und läuft zum Kloster, um ihren kleinen Sohn zu holen. Sie kann sich und das Kind unverletzt aus dem einstürzenden Kloster retten.	S. 62, Z. 10 f.
Der Tag des Bebens bis zum Abend	Josephe glaubt Jeronimo im Gefängnis umgekommen und flüchtet sich in ein Tal, wo er ihr plötzlich gegenübertritt.	S. 63, Z. 5–8 und 24 f.
Der Tag des Bebens bis zum Abend	Jeronimo sucht nach Josephe, erfährt, dass sie enthauptet worden sei, und findet sie in dem Tal bei einer Quelle wieder.	S. 61, Z. 1–4 und 27–33

Arbeitsauftrag

Novellentext

Unterrichtsgespräch

■ Warum könnte Kleist die über ein Jahr sich erstreckende Vorgeschichte so eng mit dem Erdbeben verbunden haben? Überlegen Sie, wie man das Schicksal des Liebespaares dadurch wahrnimmt.

Erwartungen

■ Kleists Erzählweise lässt den Zeitraum von der Trennung des Paares in Josephes Elternhaus bis zum Wiedersehen im Tal am Tag des Erdbebens nahezu verschwinden. Es scheint, als seien die beiden nur kurz voneinander getrennt gewesen. Bei ihrem Wiedersehen gibt es keinerlei Fremdheit zwischen ihnen, ihre Gespräche handeln nur vom »Klostergarten und den Gefängnissen, und was sie umeinander gelitten hätten« (S. 64, Z. 17 f.). Über die neun Monate der Schwangerschaft, in denen Jeronimo ja auch das eine und andere getan haben könnte, um Josephe zu sehen, fällt kein Wort. Glück und Trennung, Bedrohung, Verzweiflung und Erlösung fallen in einem sehr kurzen Zeitraum um das Erdbeben herum zusammen.

Der Eindruck, der dadurch entsteht, ist der eines abrupten Wechsels von Unglück und Glück. Eben noch will Jeronimo sich aufhängen, da wird durch das Erdbeben ein Fluchtweg für ihn frei. Im nächsten Moment sieht er sich beinahe umkommen, dann wieder auf wundersame Weise gerettet. Wenig später erfährt er, dass Josephe hingerichtet worden sei, findet sie aber noch am selben Tag lebend wieder – völlige Verzweiflung und größte Seligkeit lösen einander wechselseitig ab. Und ebenso bei Josephe: Der Glücksnacht im Klostergarten folgt unmittelbar die Entdeckung der verheimlichten Schwangerschaft und die Verurteilung zum Tode, dem Gang zum Schafott die plötzliche Freiheit, der Bergung des Kindes aus dem einstürzenden Kloster der zu vermutende Tod des Geliebten, den Tränen um ihn das Wiedersehen im Tal. Das Leben scheint willkürlich mit den beiden zu spielen, nichts von dem, was mit ihnen geschieht, können sie beeinflussen (vgl. Stierle, S. 54–68).

Diese wiederholten Glückswechsel nehmen die Figuren (und mit ihnen der Leser) letztlich aber so wahr, dass der Gott, in dessen Händen das liegt, es gut mit ihnen meint.

Arbeitsauftrag

■ vgl. den Arbeitsauftrag 1 auf dem Arbeitsblatt (S. 85)

Kopiervorlage
→ Seite 85

Novellentext

Einzelarbeit

Erwartungen

■ Jeronimo glaubt an Gott und die Heilige Mutter Gottes und hofft auf beide:

- im Gefängnis: »Er warf sich vor dem Bildnisse der Heiligen Mutter Gottes nieder, und betete mit unendlicher Inbrunst zu ihr, als der Einzigen, von der ihm jetzt noch Rettung kommen könnte.« (S. 58, Z. 20–23)
- nach der Flucht ins Freie: »Er senkte sich so tief, dass seine Stirn den Boden berührte, Gott für seine wunderbare Errettung zu danken; [...].« (S. 60, Z. 17–19)
- beim Wiedersehen im Tal: »[...] er sprang voll Ahndung über die Gesteine herab und rief: O Mutter Gottes, du Heilige! und erkannte Josephen [...].« (S. 61, Z. 33 f.)

Nur einmal, als er vor dem Wiedersehen glauben muss, Josephe sei tot, zweifelt er an Gottes Güte:

- »[...] sein Gebet fing ihn zu reuen an, und fürchterlich schien ihm das Wesen, das über den Wolken waltet.« (S. 60, Z. 27–29)

Gerade zu dieser Zeit wird Josephe aber, wie es den Anschein hat, von Gott geleitet und beschützt.

Arbeitsauftrag

■ vgl. den Arbeitsauftrag 2 auf dem Arbeitsblatt (S. 85)

Kopiervorlage
→ Seite 85

Novellentext

Einzelarbeit

Erwartungen

■ Als Josephe in das einstürzende Klostergebäude zu ihrem Kind eilt, kann sie dieses wider alle Wahrscheinlichkeit retten. Sie gelangt unversehrt aus dem Haus, »gleich, als ob alle Engel des Himmels sie umschirmten« (S. 62, Z. 17 f.), und versteht das Kind nun als eines, das »ihr der Himmel wieder geschenkt hatte« (Z. 26 f.).

Bald darauf ist ihr die ganze Wendung ihres Schicksals ein Geschenk Gottes: »Ein Gefühl, das sie nicht unterdrücken konnte, nannte den verflossnen Tag, so viel Elend er auch über die Welt gebracht hatte, eine Wohltat, wie der Himmel noch keine über sie verhängt hatte.« (S. 66, Z. 32, bis S. 67, Z. 2)

Noch mehr zeigt sich das vermeintliche Eingreifen Gottes zugunsten der beiden aber in der Vernichtung aller ihrer Verfolger und Peiniger.

Arbeitsauftrag

■ vgl. den Arbeitsauftrag 3 auf dem Arbeitsblatt (S. 85)

Kopiervorlage
→ Seite 85

Novellentext

Unterrichtsgespräch

Erwartungen

■ Folgende Stellen sollten angeführt werden:

- Im Kloster wird die Äbtissin »mit fast allen ihren Klosterfrauen, von einem herabfallenden Giebel des Hauses, auf eine schmähliche Art erschlagen« (S. 62, Z. 21–23).
- Die »Leiche des Erzbischofs« wird »zerschmettert aus dem Schutt der Kathedrale hervorgezogen« (S. 62, Z. 29 f.).

- »Der Palast des Vizekönigs war versunken, der Gerichtshof, in welchem ihr das Urteil gesprochen worden war, stand in Flammen, und an die Stelle, wo sich ihr väterliches Haus befunden hatte, war ein See getreten, und kochte rötliche Dämpfe aus.« (S. 62, Z. 31 , bis S. 63, Z. 2)

Das ganze Erdbeben scheint nur den Zweck zu haben, die Liebenden zu befreien und wieder mit ihrem Kind zusammenzuführen. Im Tal richten sie sich unter einem Granatapfelbaum zum »wollüstige[n]« (S. 64, Z. 11) Gesang der Nachtigall ein Liebeslager ein. Der Granatapfel mit seinen vielen Kernen ist seit dem Altertum ein Symbol für Fruchtbarkeit, symbolisiert aber auch Christus und die christliche Kirche. Vervollständigt wird der Eindruck der Gottgeborgenheit dadurch, dass Vater, Mutter und Kind wie die Heilige Familie unter dem Baum ruhen, also wie Maria, Joseph und das Christuskind auf der Flucht nach Ägypten. Ein Gemälde des Niederländers Ferdinand Bol, eines Rembrandt-Schülers, das Kleist 1801 in der Dresdner Gemäldegalerie kennengelernt haben kann, zeigt die Situation ähnlich, wie sie hier beschrieben ist: Jeronimo liegt an den Stamm gelehnt, »Josephe in seinem, Philipp in Josephens Schoß« (S. 64, Z. 12).

Kopiervorlage → Seite 86

Arbeitsauftrag

■ vgl. den Arbeitsauftrag auf dem Arbeitsblatt (S. 86)

Novellentext

Gruppenarbeit

Unterrichtsgespräch

Erwartungen

■ Für die zeitgenössischen Leser führt die Szene sicherlich die Bedeutung mit, dass Jeronimo und Josephe ein Kind in Sicherheit bringen, auf dem ein besonderer Segen liegt. Kann man das durch sein Überleben am Ende der Erzählung bestätigt sehen? In den Schluss wird die Symbolik dieser Szene nicht einbezogen, und so ist es auch nicht angebracht, sie dorthin zu übertragen. Das weitere Geschehen zeigt vielmehr, dass die harmonische Situation nicht von Dauer ist, dass sie auf einer Täuschung beruht.

3. Zweiter Teil: Der Aufenthalt im Tal

Es gibt einen deutlichen Unterschied zwischen dem Verhalten der Menschen in der Stadt und dem der Menschen im Tal.

Novellentext

Partnerarbeit

Unterrichtsgespräch

Arbeitsaufträge

■ ERSTER ARBEITSAUFTRAG: Was wird von der Stadtbevölkerung mitgeteilt? Berücksichtigen Sie die Seiten 58 und 66.

ZWEITER ARBEITSAUFTRAG: Was kennzeichnet die Menschen im Tal und was teilen sie sich als ihre Erlebnisse mit? Fassen Sie die Aussagen auf Seite 67 zusammen.

DRITTER ARBEITSAUFTRAG: Da das unterschiedliche Verhalten an keiner Stelle erklärt wird – wie erklären Sie es sich selbst? Überlegen Sie, was sich für den Sinn der Geschehens im Ganzen daraus folgern lässt.

Erwartungen

■ Vor dem Ausbruch des Erdbebens zeigt sich die Mehrheit der Stadtbevölkerung bigott und grausam. Dass der Vizekönig eine mit etwas weniger Qualen verbundene Hinrichtungsart anordnet, wird von den »Matronen und Jungfrauen von St. Jago« (S. 58, Z. 5 f.) sehr missbilligt.

Die glückliche Rettung der beiden Liebenden bestätigt sich in ihren Plänen für einen Neuanfang. Zunächst erwägen sie noch eine Flucht nach Spanien (vgl. S. 64, Z. 21–26), bald glauben sie aber wegen der freundlichen Behandlung im Tal eine Begnadigung durch den Vizekönig erreichen und in Santiago bleiben zu können (vgl. S. 68, Z. 2–17). An ihrer Bestrafung scheint niemand dort mehr ein Interesse zu haben. »Es war, als ob die Gemüter, seit dem fürchterlichen Schlage, der sie durchdröhnt hatte, alle versöhnt wären.« (S. 65, Z. 33, bis S. 66, Z. 2) Mehr noch: Die ganze Lebenssicht, die ganze Einstellung der Menschen im Tal ist gekennzeichnet durch Verständnis und Güte. Alle helfen einander, alle teilen, was sie haben, es scheint »der menschliche Geist selbst, wie eine schöne Blume, aufzugehen« (S. 67, Z. 5 f.).

Foto: Bernd W. Seiler

»Das Erdbeben in Chili«. Zeichnung von Otto Hettner (1875–1931) in der Ausgabe der Pan-Presse (Berlin 1914)

Allerdings ist diese Wesensänderung, die über einen ganzen Textabschnitt hin gefeiert wird (vgl. S. 67, Z. 15–31), wohl auf die Menschen im Tal oder auf eine bestimmte Art von Menschen beschränkt. Von den Stadtverhältnissen heißt es unmittelbar zuvor, dass das Erdbeben rücksichtslose Gewalttaten mit sich gebracht hätte. Mönche hätten das Weltende verkündet und dem Vizekönig den Gehorsam verweigert, wegen der Diebstähle seien Galgen aufgestellt worden, und ein Unschuldiger, der sich durch das brennende Haus eines Nachbarn gerettet hätte, sei von diesem »aus Übereilung ergriffen, und sogleich auch aufgeknöpft worden« (S. 66, Z. 21 f.). Das erinnert an die Hartherzigkeit der Menschen bei dem »Schauspiel« von Josephes erwarteter Hinrichtung, wo man in den Straßen, durch die der Zug gehen soll, für die Zuschauer Fenster vermietet und Dächer abgedeckt hat (vgl. S. 58, Z. 8–13). Donna Elisabeth, eine der Frauen, die Josephe jetzt willkommen heißen, war zu der Hinrichtung ebenfalls eingeladen, hat aber abgelehnt (vgl. S. 66, Z. 3–6). Sie ist die Einzige, die den eigentümlichen Ausnahmezustand der Verhältnisse im Tal richtig einschätzt.

Eine Erklärung für das verschiedenartige Verhalten der Menschen findet sich nicht. Anzunehmen, es könnte der Geist des Ortes, also des Tales sein, der die andere Gesinnung hervorbringt, ist nicht gerechtfertigt. Zwar ist es ein »nur von wenig Menschen besuchtes Tal«, man kann in »einzelnen Gruppen« (S. 61, Z. 26–28) Abstand voneinander halten. Aber keiner der dort Anwesenden hat sich anscheinend an der Verfolgung des Paares in der Stadt beteiligt oder sie gutgeheißen. Donna Elisabeth wollte ausdrücklich die Hinrichtung nicht sehen. Umgekehrt verteidigt Don Fernando auch in der Stadt das Lebensrecht Jeronimos und Josephes, und niemand aus dem Tal scheint an ihrer Ermordung beteiligt zu sein. Es sind offenbar die besseren Menschen, die sich hier eingefunden haben, so wenig wahrscheinlich eine solche Sortierung ist. Zu der Unverständlichkeit der Weltverhältnisse im Ganzen gehört eben auch, dass es gute wie böse Menschen gibt und dass in Naturkatastrophen bei manchen mehr die guten, bei anderen mehr die bösen Anlagen die Oberhand gewinnen.

4. Dritter Teil: Der Kirchenbesuch

Als sich herumspricht, dass in der Dominikanerkirche ein Bittgottesdienst zur Abwendung weiteren Unglücks stattfinden soll, will sich auch die Gruppe um Jeronimo und Josephe in die Stadt begeben. Zwar werden ihretwegen Bedenken geäußert, doch kommt es Kleist auf vertiefende Abwägungen dazu ersichtlich nicht an. Dasselbe gilt für das Kampfgeschehen am Schluss. Wer hier wen tötet, ist in der Forschung, um es ironisch zu formulieren, sogar umstritten. Doch liegt gerade in der fast schon nachlässigen Behandlung dieser Vorgänge eben die

Aussage: Das Unglück soll sich ereignen, Möglichkeiten, ihm zu entkommen, gibt es nicht. Die genaue Erfassung des Ablaufes verdeutlicht mithin etwas, was Kleist unauffällig machen will, zeigt aber eben darin seine Intention an.

Arbeitsaufträge

Kopiervorlage
→ Seite 87

Novellentext

Einzel- oder Partnerarbeit

Unterrichtsgespräch

■ vgl. die Arbeitsaufträge auf dem Arbeitsblatt (S. 87); zu beantworten sind die Fragen:

1. Wer empfiehlt den Kirchenbesuch?
2. Wer warnt vor ihm?
3. Wer geht mit?
4. Warum werden die beiden Säuglinge mitgenommen?
5. Wer wird auf Seiten der Gruppe von wem erschlagen?
6. Welche Opfer gibt es bei den Angreifern?
7. Soll an dem Kirchenbesuch jemand Schuld haben?
8. Welcher Doppelsinn liegt in der Äußerung Josephes, dass sie ihr Antlitz gerade jetzt »vor dem Schöpfer in den Staub« legen wolle, wo er »seine unbegreifliche und erhabene Macht so entwickle«? (S. 69, Z. 8–10)
9. Der Mörder Jeronimos bezeichnet sich als dessen Vater (vgl. S. 74, Z. 1 f.). Wie glaubhaft ist diese Angabe?

Radierung von Fritz Schwimbeck (1889 bis 1972) in der Ausgabe des Verlages Morawe & Scheffelt, Berlin 1920

Erwartungen

■ Erster Arbeitsauftrag: Als der Vorschlag des Kirchganges aufkommt, sind es als Erstes die beiden Mütter, die ihn gutheißen. Josephe bekennt, dass sie den Drang »ihr Antlitz vor dem Schöpfer in den Staub zu legen, niemals lebhafter empfunden habe, als eben jetzt, wo er seine unbegreifliche und erhabne Macht so entwickle« (S. 69, Z. 8–10). Das ist für den Moment, in dem es gesagt wird, allerdings so unangebracht, dass man auf etwas Gewaltigeres nahezu gefasst sein muss. Denn das Einzige, was sich in der Situation im Tal für sie »entwickelt«, ist ja ein freundlicher Familienanschluss. Eher irritierend ist, dass auch Donna Elvire darauf besteht, »dass man die Messe hören sollte« (Z. 12), denn sie ist krank und kann gar nicht mitgehen.

Zweiter Arbeitsauftrag: Im Gegensatz dazu ist Donna Elvire bald auch sogar besonders besorgt, dass der Kirchgang mit Jeronimo und Josephe gefährlich sein könnte (vgl. S. 70, Z. 14 f.). Beziehen kann sich das nur auf das noch gültige Todesurteil gegen Josephe, aber es bleibt unausgesprochen und macht damit Don Fernandos Reaktion – »und das Unglück, das daraus entstehen kann?« (Z. 11 f.) – weniger fragwürdig. Zunächst ist es aber Donna Elisabeth, die von dem Kirchgang abrät, nicht allerdings wegen der beiden Verurteilten, sondern wegen des »Unheil[s]«, das am Vortag in der Kirche vorgefallen sei (S. 69, Z. 2). Das meint wohl die Gehorsamsverweigerung gegenüber dem Vizekönig (vgl. S. 66, Z. 15–17), ist aber ebenfalls kein zwingender Einwand. So wirken die aufkommenden Bedenken nur wie Ahnungen, und Don Fernando trifft kein Vorwurf, wenn er auf sie nicht eingeht.

Dritter und vierter Arbeitsauftrag: Zu der Gruppe, die Don Fernando zur Kirche führt, gehören neben Jeronimo und Josephe noch seine Schwägerin Donna Constanze sowie »die übrigen Mitglieder, die sich bei der Gesellschaft eingefunden hatten« (S. 69, Z. 31 f.). Über sie fällt allerdings kein Wort mehr. Josephe jedoch nimmt außer ihrem eigenen auch noch den Säugling von Donna Elvire mit, obwohl diese mit Donna Elisabeth zurückbleibt und beide Kinder beaufsichtigt sein könnten. Es geschieht, weil das Kind bei der Übergabe an die Frauen »kläglich schrie« (Z. 25). Da es eine Gutherzigkeit ist, sieht es nicht unbedacht aus, nicht einmal die so besorgte Mutter hat etwas dagegen.

»Das Erdbeben in Chili«. Zeichnung von Otto Hettner (1875–1931) in der Ausgabe der Pan-Presse (Berlin 1914)

Fünfter Arbeitsauftrag: Als der Chorherr das Erdbeben als göttliche Strafe für die Sittenverderbnis der Stadt bezeichnet und besonders die frevelhafte Nacht im Klostergarten hervorhebt (vgl. S. 71, Z. 20–22), wird Josephe von einem Schuhflicker identifiziert, der für sie gearbeitet hat und sie »wenigstens so genau kannte, als ihre kleinen Füße« (S. 72, Z. 12 f.). Das deutet ein erotisches Interesse an ihr und somit Eifersucht an, und er auch ist es, der sie dann erschlägt und ihren vermeintlichen Sohn »an eines Kirchpfeilers Ecke zerschmettert« (S. 74, Z. 30 f.). Ein anderer aus dem »rasenden Haufen« (S. 73, Z. 33) bezeichnet sich als Jeronimos Vater und erschlägt diesen, während Don Fernandos Schwägerin Donna Constanze von einem Unbekannten niedergestreckt wird.

Sechster bis achter Arbeitsauftrag: Der die Kinder verteidigende Don Fernando aber heißt »dieser göttliche Held« (S. 74, Z. 23). Er kann »sieben Bluthunde« töten und ihren Anführer verwunden, bevor die »satanische[] Rotte« von ihm ablässt (Z. 26 f.). Die Frage, ob er das Unglück nicht leichtfertig heraufbeschworen hat, kommt deshalb nicht auf. Es ist ein weiteres Mal der unerforschliche Wille Gottes, der das Geschehen bestimmt. Wie es seine »unbegreifliche und erhabene Macht« will (S. 69, Z. 10), vor der Josephe sich beugt, wird das Todesurteil an ihr nun noch grausamer vollstreckt, als es einen Tag zuvor auf dem Richtplatz hat vollstreckt werden sollen; und Jeronimo muss mit ihr sterben. Einzig eine Liebesnacht ist dem Paar dazwischen noch gewährt.

Neunter Arbeitsauftrag: Erklärungsbedürftig ist offenbar das Auftreten des Mannes, der nach Jeronimo die Kirche verlässt und ihn mit den Worten erschlägt: »dies ist Jeronimo Rugera, ihr Bürger, denn ich bin sein eigner Vater!« (S. 74, Z. 1 f.) In nicht wenigen Kommentaren wird dies für eine zutreffende Aussage gehalten und also der Vater als der Mörder Jeronimos bestimmt. Das ist eine nicht nachzuvollziehende Fehlbewertung. Man sollte ausschließen, dass Kleist Jeronimos Vater auf der vorletzten Seite als handelnde Person unversehens auftreten lässt, obwohl vorher mit keinem Wort von ihm die Rede ist. Und wieso unterläuft dem stilsicheren Kleist die unnötige Verstärkung »eigner Vater«? Nach vernünftigem Ermessen kann das nur heißen: Jemand gibt sich als Vater von Jeronimo aus, um dessen Identifizierung unbezweifelbar erscheinen zu lassen. Alles andere wäre ein erzählerischer Fehler, wie man ihn Kleist nicht unterstellen sollte.

5. Der Schlusssatz

Zu dem Schlusssatz – »[...] und wenn Don Fernando Philippen mit Juan verglich, und wie er beide erworben hatte, so war es ihm fast, als müsst er sich freuen« (S. 75, Z. 22–24) – gibt es gegensätzliche Auslegungen. Nach einer soll Don Fernando im Überleben des fremden Kindes einen Fingerzeig Gottes sehen, dass es für den Menschen immer wieder einen Neuanfang gibt. »Das Kind der ›Sünde‹ steht im Lichte des Heils.« (von Wiese, S. 69) Nach einer anderen wird das bestritten. Die mehrfach bedingte Aussage – es war ihm »fast«, ›als ob‹ er sich freuen »müsste« – bedeute keine wirkliche, sondern eine bezweifelte Freude. Das zufällig überlebende fremde Kind könnte sich auch als ein Ungeheuer erweisen, so wie es in Kleists Novelle »Der Findling« der Fall ist, wo ein solches Kind als junger Mann seine Adoptivmutter Elvire (!) missbraucht und dafür von seinem Adoptivvater umgebracht wird. »Das überlebende Kind ist nicht Sinnbild des Triumphes über Tod und Sünde; es ist ein Beispiel für die Zufälligkeit des Daseins in einer unbegreiflichen Welt.« (Silz, S. 362)

Arbeitsauftrag

Kopiervorlage
→ Seite 88

■ vgl. den Arbeitsauftrag auf dem Arbeitsblatt (S. 88)

Erwartungen

Novellentext

Gruppenarbeit

Unterrichtsgespräch

■ In den beiden zitierten Deutungsansätzen wird zu viel Metaphysisches in den Schluss hineingelegt. Don Fernando geht es nicht um die unterschiedliche Seinsart der Kinder, sondern darum, »wie er beide erworben« hat. Er hat das überlebende Kind nicht gezeugt, sondern es sich erkämpft, also für seine Rettung sein Leben riskiert. Das scheint ihm ein höherer, maßgeblicherer Einsatz zu sein als der Akt der Zeugung. Man braucht sich nur zu fragen, ob seine Frau ebenso fast Freude darüber empfinden könnte, dass Don Fernando ihr statt des eigenen ein fremdes Kind mitbringt, um das Verfehlte der Höherwertung zu erkennen. Donna Elvire weint »im Stillen ihren mütterlichen Schmerz aus« (S. 75, Z. 18f.) und vergibt ihrem Mann den Verlust, das ist alles. Ein gewisser versöhnlicher Ton in der Schlusswendung soll nur die bedrückenden Folgerungen, die sich aus der Geschichte im Ganzen ergeben, etwas mildern.

Hinzu kommt, dass das »Kind der Sünde«, wie beide Interpreten den kleinen Philipp nennen, nach christlichem Verständnis überhaupt keinen Sonderstatus hat. Durch die Taufe in die Gemeinschaft der Christen aufgenommen, ist es ein Kind wie jedes andere, also weder mehr noch weniger dazu bestimmt, dem Erdbeben oder einer wütenden Meute zum Opfer zu fallen. Deshalb will es die Äbtissin im Kloster auch aufziehen und klagt es der Chorherr in seiner Predigt nicht mit an. Kleist hat das noch gewusst, die Interpreten des säkularen 20. Jahrhunderts unterscheiden hingegen in ›moralischer Korrektheit‹ zwischen sündig und weniger sündig gezeugten Kindern.

Eine tröstliche Botschaft könnte man dem Überleben dieses Kindes nur dann entnehmen, wenn man den christlichen Kontext durch einen der Romantik ersetzte und in dem Kind das Zeugnis einer gegen alle Welt sich behauptenden Liebe sähe. Der Schlusssatz würde dann allerdings besser lauten: »[...]; und wenn Don Fernando Philippen mit Juan verglich, und was für einer Liebe er ihn verdankte, so war es ihm fast, als müsst er sich freuen.« Hat Kleist etwas in dieser Art gemeint? Aus dem Text ableiten lässt es sich nicht, aber dem heutigen Empfinden kommt es nahe.

Modul 3
Gestalterische und sprachliche Elemente

Die Dreiteiligkeit der im Großen und Ganzen linear erzählten Geschichte ist so einsichtig, dass dazu nichts weiter festzustellen ist. Gestalterisch bemerkenswert sind zwei andere Momente:

- die Aneinanderreihung von Szenen, in denen immer nur eine Stimmung, ein Eindruck in höchstmöglicher Steigerung wiedergeben wird, und dies ohne jede Rücksicht auf das Wahrscheinliche und den guten Geschmack;
- die Aufzählungen, mit denen wiederholt mehr ausgesagt wird, als es die einzelnen Elemente vermuten lassen.

Schon in einer der ersten Rezensionen des »Erdbebens in Chili« wurde gerügt, dass die Erzählung »etwas Empörendes« habe und die Vorgänge »zu skizzenhaft behandelt« seien (Friedrich Weisser am 28. Dezember 1810 im »Morgenblatt für gebildete Stände«, zitiert nach Sembdner, S. 310). Man könnte auch von Effekthascherei sprechen, steckte hinter dem Verzicht auf eine gefälligere Behandlung nicht eine hohe erzählökonomische Disziplin. Im Grunde will Kleist mit der kürzestmöglichen Form die größtmögliche emotionale Wirkung erzielen. Das rückt den Expressionismus in den Blick, der ein Jahrhundert später Kleist ja auch erst entdeckt hat. Damals hat man mit dem ›Telegrammstil‹ etwas Ähnliches versucht. Während diese Darstellungsform aber in Vergessenheit geraten ist, bewährt sich die Suggestivität von Kleists Erzählweise bis heute. Aufzuzeigen, wie sie funktioniert, hat deshalb auch etwas von einer Entzauberung. Das ist aber bei Erläuterungen, die etwas aufhellen wollen, nicht zu vermeiden.

1. Die szenische Gestaltung

Die sieben Arbeitsaufträge dieses Abschnitts können auch arbeitsteilig bearbeitet werden. Die Ergebnisse würden bei einer solchen zeitsparenden Vorgehensweise anschließend im Plenum zusammengetragen und, falls erforderlich, gemeinsam diskutiert.

Zunächst wird der Skandal der Niederkunft Josephes in den Blick genommen.

Arbeitsauftrag

■ vgl. den ersten Arbeitsauftrag auf dem Arbeitsblatt (S. 89)

Kopiervorlage
→ Seite 89

Novellentext

Einzel- oder Partnerarbeit

Unterrichtsgespräch

Erwartungen

■ Die erste kurze Szene nach der Ausführung der Vorgeschichte ist der Moment der Entdeckung von Josephes Schwangerschaft (vgl. S. 57, Z. 20–24). Skandalöser, muss man sagen, lässt sich der Vorgang nicht denken. Nach der Heiligen Messe verlässt die von den Priestern geleitete und von Messdienern getragene Hostie unter einem Baldachin den Dom, und die hochschwangere Novizin Josephe, die im Gefolge mitläuft, überkommen auf dessen Stufen die Wehen. Ob glaublich oder nicht, sie hat in der Wohngemeinschaft mit einer ganzen Anzahl von Nonnen ihre Schwangerschaft bis zu diesem Moment verbergen können, muss deshalb trotz ihres dramatischen Zustandes an der Prozession teilnehmen und schafft es nur noch bis zu den Domstufen, wo sie im Moment der feierlichsten Aufmerksamkeit einer großen Zuschauermenge vor Schmerzen und Schwäche niedersinkt. Dass dieser Vorgang, dessen Ursache von allen unmittelbar begriffen wird, »außerordentliches Aufsehn« macht (Z. 25), ist auch heute noch nachzuvollziehen.

Die Schrecken der Erdbebenfolgen zeigen sich besonders nachdrücklich in der Begegnung Jeronimos mit der Frau, die ihm die falsche Auskunft über Josephes Schicksal gibt.

Arbeitsauftrag

Kopiervorlage → Seite 89

■ vgl. den zweiten Arbeitsauftrag auf dem Arbeitsblatt (S. 89)

Novellentext

Einzel- oder Partnerarbeit

Unterrichtsgespräch

Erwartungen

■ Im Freien zu sich gekommen, begegnet Jeronimo einer Frau, »die auf einem fast zur Erde gedrückten Nacken eine ungeheure Last von Gerätschaften und zwei Kinder, an der Brust hängend, trug« (S. 61, Z. 1–3). Er spricht sie an, und »im Vorbeigehen« (Z. 3) sagt sie ihm, dass Josephe enthauptet worden sei. Wie sich das Vorbeigehen einer so zur Erde gedrückten Frau abgespielt haben kann, die mit beiden Armen auch noch die Kinder halten muss, versucht man sich vergeblich vorzustellen, doch es wird in dem einen Satz das ganze Schrecknis der Flucht aus der zerstörten Stadt zusammengefasst. Und wie könnte jemand, der so mit sich zu tun hat, die Unwahrheit sagen? Nur dem Leser wird angezeigt, dass ihre Auskunft vielleicht nicht zutrifft, da sie sie gibt, »als ob sie es selbst angesehen hätte« (Z. 3f.).

Auch beim Wunder der Rettung des Kindes geht es so drastisch wie möglich zu.

Arbeitsauftrag

Kopiervorlage → Seite 89

■ vgl. den dritten Arbeitsauftrag auf dem Arbeitsblatt (S. 89)

Novellentext

Einzel- oder Partnerarbeit

Unterrichtsgespräch

Erwartungen

■ Als Josephe zur Rettung ihres dort verwahrten Sohnes vor dem Klostergebäude eintrifft, steht dieses bereits in Flammen und die Äbtissin steht vor der Tür und schreit »nach Hülfe, um ihn zu retten« (S. 62, Z. 14f.). Josephe zögert nicht und rettet ihr Kind, während die Äbtissin und die um sie versammelten Nonnen, die nicht wagen, ihr Leben aufs Spiel zu setzen, »von einem herabfallenden Giebel« (Z. 22) erschlagen werden.

Auch hier drängen sich mehrere, kaum zu vereinbarende Vorgänge in einem einzigen Moment zusammen. Während die Äbtissin mit ihren Klosterfrauen vor der Tür steht und um Hilfe schreit, ist Josephe schon auf dem Weg in das Gebäude und gleich wieder mit dem Kind zurück. Sie will der Äbtissin, während diese die Hände über dem Kopf zusammenschlägt, mit dem geborgenen Kind in die Arme sinken, was gleich in zweifacher Hinsicht unmöglich ist, als der Giebel herabfällt und die Äbtissin wie die Nonnen erschlägt. Kann Josephe, die ja unter dem Giebel hervorkommen muss, hier verschont bleiben? Doch wer will das für diesen Moment bedenken. Die Rettung des Kindes und die Bestrafung der Klosterfrauen, dazu noch eine Geste der Dankbarkeit Josephes gegenüber der Äbtissin – die Wahrnehmung richtet sich auf ein Rettungswunder, wie es auch bei Jeronimos Entkommen aus dem Gefängnis stattfindet.

Bei der Andacht in der Kirche finden sich Ehrfurcht und Frömmigkeit der Besucher bis zum Äußersten gesteigert.

Arbeitsauftrag

Kopiervorlage → Seite 90

■ vgl. den vierten Arbeitsauftrag auf dem Arbeitsblatt (S. 90)

Novellentext

Einzel- oder Partnerarbeit

Unterrichtsgespräch

Erwartungen

■ Zum Bittgottesdienst in der Dominikanerkirche versammelt sich eine »unermessliche Menschenmenge« (S. 70, Z. 18). Sie reicht bis auf den Vorplatz, und sogar »an den Wänden hoch, in den Rahmen der Gemälde«, hängen Knaben, »ihre Mützen in der Hand« (Z. 20–22). Nach dem Ende des Orgelspiels herrscht Stille, »als hätte keiner einen Laut in der Brust. Niemals schlug aus einem christlichen Dom eine solche Flamme der Inbrunst gen Himmel« (Z. 28–30).

Maßloser als in dieser Beschreibung kann kaum übertrieben werden. Dass wegen des Gedränges Knaben in den Rahmen der Gemälde hängen, ist unmöglich, und dass sie dabei auch noch ihre Mützen in den Händen halten, erst recht. Andrang, Ehrfurcht, völlige Stille und Inbrunst, wie sie »niemals« in einer Kirche geherrscht haben, werden in diesen wenigen Sätzen emotional gebündelt, ohne dass sich der Gesamteindruck aus den einzelnen Elementen rational ableiten lässt.

Danach geht der Gottesdienst wegen der EMPÖRUNG DER ZUHÖRER innerhalb kürzester Zeit in einen Tumult über.

Arbeitsauftrag

- vgl. den fünften Arbeitsauftrag auf dem Arbeitsblatt (S. 90)

Kopiervorlage → Seite 90

Erwartungen

Novellentext

Einzel- oder Partnerarbeit

Unterrichtsgespräch

- Als der Chorherr »umständlich des Frevels erwähnt[e], der in dem Klostergarten der Karmeliterinnen verübt worden war« (S. 71, Z. 20–22), geht der Gottesdienst unvermittelt in einen Ausbruch des Volkszorns über. Mitten in die Predigt hinein wird gerufen, dass diese »gottlosen Menschen« (S. 72, Z. 2) unter den Anwesenden seien, und ohne dass auf die kirchlichen Umstände weiter geachtet wird, stellt ein Schuhflicker – von Josephe ängstlich als »Meister Pedrillo« (Z. 18 f.) tituliert – die Gruppe zur Rede. Die Identifizierung gelingt nicht gleich, da wird schon »die ganze im Tempel Jesu versammelte Christenheit« (Z. 30 f.) dazu aufgerufen, die beiden verworfenen Personen zu steinigen. Nur das Dazwischentreten eines Marineoffiziers bringt eine vorübergehende Beruhigung, doch der Ruf »bringt sie zu Tode!« (S. 73, Z. 19) verstummt nicht.

  Wie sich das alles mit einer (unterbrochenen) Predigt, einem nicht beendeten Gottesdienst und überhaupt einem Aufenthalt in der Kirche verträgt, wird nicht berührt. Von einem Moment zum nächsten tritt an die Stelle von Frömmigkeit Hass, und man braucht erst gar nicht zu fragen, ob ein ein Jahr zurückliegendes Ereignis wie die Liebesnacht im Klostergarten solche Emotionen freisetzen kann. Es soll so sein, weil es auch das gewaltsame Ende für das Liebespaar geben soll, und für schlechthin unmöglich kann man es ja nicht halten.

Außerhalb der Kirche kommt es beim ANGRIFF AUF DIE GRUPPE Don Fernandos zu einem alle Grenzen überschreitenden Gewaltexzess.

Arbeitsauftrag

- vgl. den sechsten Arbeitsauftrag auf dem Arbeitsblatt (S. 90)

Kopiervorlage → Seite 90

Erwartungen

Novellentext

Einzel- oder Partnerarbeit

Unterrichtsgespräch

- Kaum dass die Gruppe aus der Kirche kommt, streckt der vorgebliche Vater Jeronimos diesen »mit einem ungeheuren Keulenschlage zu Boden« (S. 74, Z. 3). Ein anderer schwingt seine Keule gegen Donna Constanze, danach der Schuhflicker ebenfalls eine Keule gegen Josephe – schlimmer kann eine Hinrichtung nicht ausfallen. Doch wieso Keulen? Es geht auch hier wieder nur darum, durch die Ausgestaltung des Vorganges die größtmöglichen Emotionen auszulösen. Also müssen sich die Kirchgänger, als sie das sündige Paar angreifen, in Steinzeitmenschen mit Keulen verwandeln, nichts Zivilisiertes darf an ihnen zurückbleiben. Und als der Schuster – jetzt sogar vom Erzähler in ironischer Aufwertung »Meister Pedrillo« genannt (S. 74, Z. 19) – sich eines der Kinder greifen kann, muss er es »hoch her im Kreise« schwingen und »an eines Kirchpfeilers Ecke« zerschmettern (Z. 30 f.). Es muss mit dem »aus dem Hirne vorquellenden Mark« (Z. 33 f.) vor Don Fernando liegen bleiben, auch wenn aus dem Hirn schwerlich noch »Mark« hervorquellen kann und es außerhalb der Kirche auch keinen Pfeiler gibt. Nur die äußerste Furchtbarkeit ist dem Vorgang angemessen. Danach wird es sogleich still, »Alles entfernte sich« (Z. 32), der Gewaltexzess ist abgeschlossen.

Ebenso ins Maßlose gesteigert wird das Heldentum Don Fernandos.

Arbeitsauftrag

Kopiervorlage
→ Seite 90

- vgl. den siebenten Arbeitsauftrag auf dem Arbeitsblatt (S. 90)

Erwartungen

Novellentext

Einzel- oder Partnerarbeit

Unterrichtsgespräch

- Dem »rasenden Haufen« (S. 73, Z. 33), den »blutdürstenden Tiger[n]«, der »satanischen Rotte« steht der »göttliche Held« (Z. 18, 27 und 23) Don Fernando gegenüber. Er will »eher umkommen, als zugeben, dass seiner Gesellschaft etwas zu Leide geschehe« (S. 73, Z. 25 f.). Mit dem Rücken »an die Kirche gelehnt« (S. 74, Z. 24), was ihm eine übermenschliche Größe gibt, hält er im linken Arm die beiden Kinder, in der rechten Hand das Schwert. Mit jedem Hieb »wetterstrahlt« er einen Gegner zu Boden, bis »[s]ieben Bluthunde« tot vor ihm liegen (Z. 25 f.). Zwar kann er nur eines der Kinder retten; das Ergebnis des Kampfes – sieben zu vier für ihn, dazu der »Fürst« (Z. 27) der Gegenseite verletzt – kann sich trotzdem sehen lassen. Nach dem Vorbild des Räuberhauptmanns Rinaldo Rinaldini, dem imponierendsten aller Fechtkünstler aus dem Roman (1798) von Goethes Schwager Christian Vulpius, reicht niemand an ihn heran. Phantasiehelden wie er bleiben deshalb – von Old Shatterhand bis zu den Akteuren heutiger Videospiele – auch weiterhin beliebt. Hier verdeckt das emotional Gesteigerte zudem, dass Don Fernando besser daran getan hätte nachzudenken, als diese Lage für sich und seine Gruppe heraufzubeschwören.

Foto: Bernd W. Seiler

»Das Erdbeben in Chili«. Zeichnung von Otto Hettner (1875–1931) in der Ausgabe der Pan-Presse (Berlin 1914)

Deutlich werden sollte bei der Analyse dieser sieben Szenen, dass die mitreißende Anschaulichkeit der Vorgänge sich nicht einer realistischen Ausmalung verdankt, sondern verkürzenden Übertreibungen. Man nimmt so in sehr kurzer Zeit ein durchaus komplexes Geschehen auf, so wie etwa auch Comic Strips in der grellen Überzeichnung einzelner Momente größere Handlungsabläufe in wenigen Bildern an dem Betrachter vorbeiziehen lassen. Dies sprachlich zustande zu bringen, ist Kleists außerordentliche Begabung. Der Aufmerksamkeit verlangen diese gewissermaßen pausenlosen Texte aber einiges ab, mit einer längeren Novelle wie dem »Michael Kohlhaas« kommt man dabei schon an die Grenze des Ertragbaren.

2. Die bedeutsamen Aufzählungen

Ein anderes gestalterisches Mittel der emotionalen Verstärkung sind Aufzählungen, also die Aneinanderreihung von Sachverhalten, die – auf den ersten Blick jedenfalls – kein ordnender Gesichtspunkt verbindet. Die Wirkung ist immer die eines überwältigenden, mal beängstigenden, mal auch beglückenden Geschehens. Beispiele sind die Beschreibungen der Erdbebenfolgen aus Jeronimos wie Josephes Sicht, aber auch die versöhnende Atmosphäre im Tal.

Auch die nähere Untersuchung dieser drei Textpassagen kann arbeitsteilig erfolgen. Die Ergebnisse werden dann wiederum im Plenum zusammengetragen.

Arbeitsauftrag

- vgl. den ersten Arbeitsauftrag auf dem Arbeitsblatt (S. 91)

Kopiervorlage
→ Seite 91

Erwartungen

Novellentext

Einzel- oder Partnerarbeit

Unterrichtsgespräch

- Die Zerstörungen aus der Sicht Jeronimos

Diese Ansammlung von Momenten verzichtet zwar nicht ganz auf eine logische Sortierung der Eindrücke, aber beim Lesen fällt sie nicht auf. Erst werden die Trümmer, dann die Flammen, dann der Fluss registriert, danach die Toten und Verschütteten, die vom Feuer Bedrohten und die Ertrinkenden. Den letzten Aspekt bilden die beiden möglichen Reaktionen der Menschen auf die in zerstörerischen Aufruhr geratene Natur: die der Retter und die der Verzweifelten. Der Eindruck insgesamt aber, ohne dass es gesagt werden muss: es herrscht ein alle Vorstellungen übersteigendes Chaos.

Arbeitsauftrag

- vgl. den zweiten Arbeitsauftrag auf dem Arbeitsblatt (S. 91)

Kopiervorlage
→ Seite 91

Erwartungen

Novellentext

Einzel- oder Partnerarbeit

Unterrichtsgespräch

- Die Zerstörungen aus der Sicht Josephes

Hier folgt die Reihe der Wahrnehmungen dem Gang Josephes durch die Stadt. Da der Blick ausschließlich auf Einrichtungen fällt, die ihrem Liebesverhältnis geschadet haben, entsteht aber der Eindruck eines Strafgerichtes – dies jedoch mit unterschiedlicher Strenge: Die Kathedrale samt Erzbischof ist vernichtet, denn es sind die kirchlichen Normen, die zum Todesurteil gegen Josephe geführt haben. Der Vizekönig, der ihr wenigstens den Feuertod hat ersparen wollen, hat nur seinen Palast verloren, lebt aber noch (vgl. S. 66, Z. 15). Das Gerichtsgebäude brennt, doch könnten die Richter, die die Gesetze nicht machen, sondern nur anwenden, davongekommen sein. Am vollständigsten aber ist Josephes Elternhaus vernichtet. An seiner Stelle kocht ein See »rötliche Dämpfe« aus (S. 63, Z. 1 f.). Offensichtlich sind die Eltern, weil sie die Tochter von ihrem Geliebten getrennt haben, geradewegs zur Hölle gefahren. Das scheint Josephe für einen Moment auch zu bewegen, doch mehr bewegt sie das zerstörte Gefängnis, weil sie auch Jeronimo darin umgekommen glaubt. Maßgebend bleibt aber der Gesamteindruck, dass das Erdbeben ein großes Strafgericht ist. Die Unterscheidung der einzelnen Folgen, wie sie aus der Aufzählung abgeleitet werden kann, schwächt diesen Eindruck eher ab.

Arbeitsauftrag

- vgl. den dritten Arbeitsauftrag auf dem Arbeitsblatt (S. 91)

Kopiervorlage
→ Seite 91

Erwartungen

Novellentext

Einzel- oder Partnerarbeit

Unterrichtsgespräch

- Die Situation im Tal

In dieser Passage wird gleich in mehrerer Hinsicht das bis zu diesem Moment Gesagte in seinen Dimensionen vergrößert. Dass durch das Erdbeben »die ganze Natur verschüttet zu werden drohte« (S. 67, Z. 4 f.), ist weder bislang sichtbar geworden, noch würde es real so sein. Im Gegenteil, die Natur bleibt unversehrt, nur die menschliche Besiedlung nimmt Schaden. Darüber hinaus vergrößern sich der Raum des Tales und die dort versammelte Menschenmenge im Erzählbericht immer mehr. Ist es zunächst »ein weites, nur von wenig Menschen besuchtes Tal« (S. 61, Z. 26), danach »ein dunkles, von Pinien beschattetes Tal« (S. 63, Z. 22 f.), so findet man jetzt auf »Feldern, so weit das Auge reichte« (S. 67, Z. 6 f.), Menschen in ihm versammelt.

Foto: Bernd W. Seiler

Zeichnung von Alois Kolb (1875–1942) in der Ausgabe des Verlages Fritz Heyder, Berlin 1921

Dabei lässt die äußerste Gegensätzlichkeit der Stände und Berufe die Menschenmenge noch größer erscheinen. Genauer befragen darf man jedoch auch hier die einzelnen Elemente nicht. Bettler ja, doch »Fürsten« (Z. 8) in dieser kolonialen Gesellschaft? Matronen in der damaligen Bedeutung von ›würdigen Frauen‹ gewiss, doch auch Bäuerinnen, wo es sich um die geflohene Stadtbevölkerung handelt? Nur bei Staatsbeamten und Tagelöhnern stimmt der logische Kontrast, bei Klosterherren und Klosterfrauen schon wieder nicht mehr, da hier nur das Moment der Geschlechtertrennung den Gegensatz bildet. Doch auf die Logik kommt es auch nicht an. Es geht um das emphatische Beschwören einer großen sozialen Versöhnung, wie sie sich nach einer solchen Naturkatastrophe jedenfalls vorstellen lässt.

In der näheren Berührung mit dieser Menschenmenge zeigen sich allerdings sofort die üblichen sozialen Unterschiede. Der junge Mann, der Josephe bittet, sein Kind zu stillen, ist »wohlgekleidet« (S. 64, Z. 32), und der gesamte Kreis um ihn gehört ersichtlich eben jener höheren Gesellschaftsschicht an, aus der auch Josephe als Tochter eines der »reichsten Edelleute der Stadt« (S. 57, Z. 7 f.) kommt. Nur Jeronimo steht als ehemaliger Hauslehrer etwas außerhalb, hat gegen den Kontakt aber »nichts einzuwenden« (S. 65, Z. 18). An der Entscheidung über den Kirchgang ist er aber schon nicht mehr beteiligt; dies machen die Damen unter sich aus (vgl. S. 69, Z. 1–27). Er kommt nur noch einmal zu Wort, als er sich in der Kirche, damit man nicht Don Fernando für ihn hält, zu erkennen gibt (vgl. S. 72, Z. 31–33).

Auch mit dieser Aufzählung wird also ein Eindruck hervorgerufen, der sich aus den einzelnen Elementen und dem Geschehen sonst nicht gewinnen lässt. Es handelt sich wiederum um jene rhetorisch gesteigerte Sprechweise, mit der Kleist über die ganze Geschichte hin den mehrmaligen Stimmungswechsel bewirkt.

Modul 4
Die weltanschauliche Ebene und die Verbindung zu Kleists Lebensgefühl

Zwar ist das »Erdbeben in Chili« ein ganz aus sich selbst heraus verstehbarer Text – anders als die »Marquise von O…«, bei der gewisse Sonderbarkeiten nach zusätzlichen Erklärungen verlangen –, doch lohnt es sich, ihn mit einem übergeordneten Thema zu verbinden. Es ist die weltanschauliche Debatte, die im 18. Jahrhundert im Anschluss an das Erdbeben von Lissabon (1755) geführt worden ist. In der Zuordnung zu dieser Debatte lässt sich nicht nur Kleists Intention genauer erkennen, sondern es erschließt sich auch für sein Lebensgefühl ein größerer geistiger Zusammenhang.

Jean-Jacques Rousseau (1772–1778). Porträt von Allan Ramsay (1713–1784) aus dem Jahre 1766

1. Die weltanschauliche Ebene

Das optimistische Weltverständnis, das mit der Leibniz'schen »Theodizee« (1710) zur Grundeinstellung des 18. Jahrhunderts wurde, erhielt mit dem Erdbeben von Lissabon einen schweren Dämpfer. Voltaire stellte die Frage, wie es in einer von Gott gut eingerichteten Welt zu einer solchen Katastrophe kommen konnte. Rousseau widersprach ihm mit einem Einwand, den zuvor schon Kant geäußert hatte, dass nämlich die Menschen die von Gott geschaffene Welt nur richtig einschätzen und in Erdbebengebieten keine Städte bauen müssten, dann würde es solche Katastrophen nicht geben. Kleist hingegen geht mit seiner Gottbezweifelung noch über Voltaire hinaus, da die Erdbebenfolgen bei ihm schon fast bösartige Züge annehmen.

Arbeitsaufträge

- vgl. die Arbeitsaufträge auf dem Arbeitsblatt (S. 92)

Kopiervorlage
→ Seiten 92–93

Erwartungen

- In der Erörterung der Arbeitsaufgaben können unterschiedliche Akzente gesetzt werden. Das Wesentliche ist, dass es als eine Leistung der Aufklärung begriffen wird, sich der traditionellen Gottes- und Schicksalsergebenheit zu entziehen.

Novellentext

Gruppenarbeit

Unterrichtsgespräch

2. Die Verbindung zu Kleists Lebensgefühl

Die Abkehr von den Überzeugungen der Aufklärung ist Kleists Briefen an vielen Stellen zu entnehmen. Das »Erdbeben in Chili« zieht die Möglichkeit selbstbestimmten Handelns besonders radikal in Zweifel.

Arbeitsaufträge

- vgl. die Arbeitsaufträge auf dem Arbeitsblatt (S. 94)

Kopiervorlage
→ Seiten 94–95

Erwartungen

- Die Bewertung der Briefstellen zu Kleists Schicksalsgläubigkeit wird einvernehmlich sein. Die Frage, ob seine Aussage »Es kann kein böser Geist sein, der an der Spitze der Welt steht: es ist ein bloß unbegriffener!« auch für die »Erdbeben«-Novelle gilt, wird aber vermutlich verschieden beantwortet werden. Man kann die Irreführung von Jeronimo und Josephe sehr wohl für boshaft halten. Man kann aber auch der Meinung sein, dass das Wiedersehen im Tal einen ein ganzes Leben aufwiegenden Glücksmoment bedeutet und das Überleben des Kindes das Paar über den Tod hinaus belohnt.

Novellentext

Gruppenarbeit

Unterrichtsgespräch

Modul 5
Aufsatztraining

Der Aspektreichtum dieser Novelle ermöglicht verschiedene Aufsatzthemen. Man kann einen gesellschaftlichen Schwerpunkt setzen (reiche Tochter, armer Hauslehrer, eifersüchtig-neidischer Schuster, Besitztum als Hauptursache des gesellschaftlichen Übels), einen religionskritischen (die Rolle der Kirche als Nutznießerin von Naturkatastrophen) oder einen weltanschaulichen (der Sinn der Schöpfung in Anbetracht eines Erdbebens). Für den gesellschaftlichen Aspekt enthält der Text allerdings nicht mehr als ein paar Stichworte, das Erdbeben würde darin fast keine Rolle spielen. Und ein schlüssiges Ergebnis bekäme man hier auch nur, wenn sich der Schuster nicht an Josephes kleine Füße erinnerte, sondern daran, dass ihr Vater ihm immer die Rechnungen gekürzt hätte.

Weitaus textbezogener lässt sich der religionskritische Aspekt behandeln.

1. Erörterung des religionskritischen Aspekts der Novelle

Arbeitsauftrag

Novellentext

Einzelarbeit

- Erörtern Sie die Rolle der Kirche in Kleists Novelle »Das Erdbeben in Chili«.

Erwartungen

- Jeder, der Kleists »Erdbeben in Chili« liest, wird das schreckliche Ende gleich mehrerer guter Menschen in dieser Geschichte der Kirche anlasten. Der Gottesdienst, in dem der Prälat des Klosters den Himmel eigentlich »um Verhütung ferneren Unglücks« anflehen wollte (S. 68, Z. 28f.), wird vor einer riesigen Gemeinde immer mehr zu einer Anklage der »Sittenverderbnis der Stadt« (S. 71, Z. 13). Der erste Prediger, einer der ältesten Chorherren, kommt »im Flusse priesterlicher Beredsamkeit« (Z. 12f.) auch auf die Liebesnacht von Jeronimo und Josephe im Klostergarten zu sprechen, nennt beide bei Namen und übergibt ihre Seelen »in einer von Verwünschungen erfüllten Seitenwendung [...] allen Fürsten der Hölle« (Z. 23–25). Da sie unter den Anwesenden erkannt werden, stellt man sie zur Rede, bedrängt sie, und weder der Chorherr noch sonst jemand von den zweifellos zahlreich anwesenden Priestern und Mönchen kommt ihnen zu Hilfe. Dank des Beistandes eines Offiziers können sie die Kirche noch verlassen, doch draußen fällt eine Rotte rasender Gottesdienstbesucher über sie her, erschlägt sie und dazu noch eine ihrer Begleiterinnen, die für die gesuchte »Klostermetze« (S. 74, Z. 5) gehalten wird. Der letzte barbarische Akt gilt dem vermeintlichen Kind der beiden, obwohl der Chorherr es gar nicht mit angeklagt hat. Es wird an den Füßen gepackt und mit dem Kopf »an eines Kirchpfeilers Ecke zerschmettert« (Z. 30f.).

  Die Aufforderung zum Lynchmord – denn nichts anderes ist die Predigt – ist aber nur die letzte Unmenschlichkeit einer zutiefst unbarmherzigen Kirchenherrschaft. Schon die Liebesnacht im Klostergarten gilt den Nonnen als eine todeswürdige Sünde. Dabei ist ihnen die Hauptschuldige Josephe, denn zunächst wird sie vor Gericht gebracht und verurteilt. Bei einer Frau ist eine nichteheliche Liebesnacht offenbar noch viel strafwürdiger als bei einem Mann, selbst wenn hier er es war, der mit dem Eindringen in das Kloster den massivsten Rechtsbruch begangen hat. Ganz so reagiert auch die Öffentlichkeit. Als der Vizekönig der Sünderin das Verbrennen bei lebendigem Leibe ersparen will und die Strafe in eine Enthauptung abmildert, ist die »Entrüstung der Matronen und Jungfrauen von St. Jago« groß (S. 58, Z. 5f.). Trotzdem können sie das Schauspiel der Kopfabschlagung kaum erwarten. Man kann Fenster mieten, wo der Hinrichtungszug vorbeikommt, sogar Dächer werden für die Zuschauer abgedeckt, und die »frommen Töchter der Stadt« (Z. 10) laden ihre Freundinnen ein, damit sie dem Ereignis an ihrer »schwesterlichen Seite« beiwohnen (Z. 12). Die Bestrafung weiblicher Liebesfreuden scheint in dieser glaubensbestimmten Welt vor allem für Frauen ein Hochgenuss zu sein. An der Ermordung des Paares vor der Kirche sind sie allerdings doch nicht beteiligt.

Dass das ganze Erdbeben dann nicht etwa als Strafe für diese Unbarmherzigkeit, sondern wiederum als Strafe für den allgemein unsittlichen Lebenswandel verstanden wird, bestätigt sich bereits in den ersten Stunden. In der Stadt, so heißt es, seien Mönche »mit dem Kruzifix in der Hand« umhergelaufen und hätten geschrien, »das Ende der Welt sei da« (S. 66, Z. 13f.). Auch dem Vizekönig verweigert die Kirche in dieser Stunde den Gehorsam und will ein Kirchengebäude nicht freigeben, in dem wohl Erdbebenopfer untergebracht werden sollen (vgl. Z. 14–17). Die Not der Nächsten, so muss man folgern, kümmert die Kirche nicht, die Heiligkeit der Gotteshäuser ist ihr wichtiger. Der Äbtissin mit ihren Klosterfrauen scheint immerhin daran zu liegen, das Kind zu retten, das Josephe bei ihr zurückgelassen hat, und sie ruft seinetwegen um Hilfe. Da Josephe selbst hinzukommt, unterbleibt aber auch diese einzige gute Tat, die von kirchlicher Seite in dem ganzen Chaos stattfinden könnte (vgl. S. 62, Z. 12–20).

Etwas abgemildert wird das insgesamt vernichtende Urteil dadurch, dass bei dem friedlichen Zusammensein im Tal auch »Klosterherren und Klosterfrauen« (S. 67, Z. 9f.) Hilfe leisten und Mitleid bekunden. Da dies traditionell zu ihrem Wesensbild gehört, besagt es allerdings nicht viel. Als Schlusspunkt unter Kleists Abrechnung mit der Kirche fehlt eigentlich nur, dass Don Fernando sich über die Rettung des fremden Kindes aus einem anderen Grund freuen würde als aus dem, den er nennt, nämlich dass er es vor dem Aufwachsen im Kloster bewahren kann. Sein Urteil wäre noch entschiedener, wenn es am Ende hieße: »und wenn Don Fernando Philippen mit Juan verglich, und welchem Einfluss er ihn entzogen hatte, so war es ihm fast, als müsst er sich freuen«. Doch so unversöhnlich wollte Kleist seine Novelle wohl doch nicht enden lassen.

Klausurvorschlag mit Erwartungshorizont

Am nächsten an den Gesamtsinn der Novelle führt eine Erörterung ihres weltanschaulichen Hintergrundes heran.

Arbeitsauftrag

Novellentext

- Erörtern Sie, ob im Geschehen von Kleists Novelle »Das Erdbeben in Chili« Gottes Wille erkennbar ist.

Einzelarbeit

Erwartungen

- Dass der Glaube an Gott in Kleists Novelle »Das Erdbeben in Chili« eine große Rolle spielt, ist bereits in der ersten Szene wahrzunehmen. Der im Gefängnis sitzende Jeronimo wirft sich, als er von der Verurteilung seiner Geliebten Josephe erfährt, »vor dem Bildnisse der Heiligen Mutter Gottes nieder« und betet »mit unendlicher Inbrunst zu ihr, als der Einzigen, von der ihm jetzt noch Rettung kommen« kann (S. 58, Z. 21–23). Josephe hat als Novizin in einem Kloster, in das ihre Eltern sie vor ihm weggesperrt haben, ein Kind bekommen, und man hatte herausgefunden, dass er im Klostergarten zu einer Liebesnacht mit ihr verabredet gewesen war. Er erwartet deshalb wohl seine Verurteilung zum Tode. Das Bild der Jungfrau Maria hat man ihm belassen, doch als er die Glocken hört, die seine Geliebte zum Schafott geleiten, ist er so verzweifelt, dass er auf Gottes Hilfe nicht mehr rechnet und sich erhängen will (vgl. Z. 26–30).

In diesem Moment jedoch ereignet sich das Erdbeben. Das Gefängnis stürzt ein, Jeronimo kann sich aus den Trümmern retten und gelangt unverletzt zu einem Hügel am Rande der Stadt. Für ihn steht fest, dass Gott hier unmittelbar eingegriffen hat. »Er senkte sich so tief, dass seine Stirn den Boden berührte, Gott für seine wunderbare Errettung zu danken« (S. 60, Z. 17–19). Als ihm wenig später klar wird, dass Josephe wahrscheinlich hingerichtet worden ist, reut ihn sein Dankgebet, und »fürchterlich« scheint ihm nun »das Wesen, das über den Wolken waltet« (Z. 28 f.). Aber für den Leser wird bald deutlich, dass er sich in Bezug auf Josephe irrt. Seiner Geliebten ist die Hinrichtung erspart geblieben, und sie hat sogar ihr Kind aus dem Kloster retten können, in dem sie es hatte zurücklassen müssen. Als ob »alle Engel des Himmels sie umschirmten« (S. 62, Z. 17 f.), hat sie das Kind aus dem brennenden Gebäude herausholen können. In einem Tal bei der Stadt findet Jeronimo die beiden wieder und weiß auch sofort, wem er das zu verdanken hat. »O Mutter Gottes, du Heilige!«, ruft er aus, als er sie erkennt (S. 61, Z. 33). In diese Dankbarkeit Gott gegenüber stimmt auch Josephe ein. Sie nennt den Tag des Erdbebens trotz des allgemeinen Elends »eine Wohltat, wie der Himmel noch keine über sie verhängt hatte« (S. 67, Z. 1 f.).

Bestätigt wird ihr Empfinden dadurch, dass alle, die sie verfolgt und bedroht haben, nach einem anscheinend genau abgestimmten Strafmaß ums Leben oder zu Schaden kommen. Die Äbtissin und die meisten Nonnen werden von einem herfallenden Giebel »auf eine schmähliche Art erschlagen« (S. 62, Z. 22 f.). Sie müssen es gewesen sein, die den Vorfall im Klostergarten ermittelt und Josephe der weltlichen Justiz ausgeliefert haben. Der Erzbischof als Vertreter der kirchlichen Macht findet in der zusammengestürzten Kathedrale den Tod (vgl. Z. 29–31). Der Vizekönig überlebt, er hat Josephes Strafe vom Feuertod in eine Enthauptung abgemildert, doch sein Palast ist zerstört (vgl. Z. 31). Er ist als Landesfürst für ihre weltliche Verfolgung verantwortlich. Der Gerichtshof, in dem das Todesurteil verhängt worden ist, brennt ab (vgl. Z. 31–33), die Richter als lediglich Beauftragte kommen aber wohl mit dem Leben davon. Das Äußerste jedoch widerfährt Josephes Eltern. Sie, die sie von ihrem Geliebten getrennt und ins Kloster verbannt haben, versinken samt ihrem Haus in einem brodelnden See, der »rötliche Dämpfe« (S. 63, Z. 1 f.) auskocht. Offensichtlich sind sie auf dem direktesten Weg zur Hölle gefahren. Jeronimo und Josephe aber bergen sich in einem paradiesischen Tal unter einem Granatapfelbaum. Wie einst die Heilige Familie auf der Flucht nach Ägypten sind sie der Verfolgung entkommen.

Sieht es bis zu diesem Zeitpunkt so aus, als stünde Gott gegen alle Welt auf ihrer Seite, so verkehrt sich ihre Lage mit dem Besuch des

Gottesdienstes in das genaue Gegenteil. Auch der Chorherr versteht sich auf die Anrufung Gottes, und er deutet das Erdbeben als einen »Wink des Allmächtigen« (S. 71, Z. 7f.), dass die Menschen wegen ihrer Sittenlosigkeit Strafe verdient hätten. Er nennt die Nachsicht gegenüber Jeronimo und Josephe – also wohl den Umstand, dass sie beide nicht auf der Stelle verbrannt worden sind – »gottlos« und überantwortet sie »allen Fürsten der Hölle« (Z. 23 und 25). Die Reaktion erfolgt prompt: Obwohl sie sich bis zu diesem Moment von Gott beschützt und sogar bevorzugt glauben können, greift sie noch in der Kirche ein »wütende[r] Haufen« an (S. 73, Z. 1). Kurz darauf werden sie mit Keulen erschlagen und sterben noch viel schmählicher als die Äbtissin mit ihren Nonnen, auf die nur ein Giebel herabfällt. Auch der Ruf »Jesus Maria!« (S. 74, Z. 4) nützt der nur versehentlich angegriffenen Donna Constanze nichts. So stellt sich in Anrufung Gottes genau die Lage wieder her, die vor dem Erdbeben besteht. Josephe und Jeronimo, wegen ihrer Sittenlosigkeit mit dem Tode bedroht, kommen um, und ihr Sohn, der im Kloster aufwachsen sollte, überlebt. Gott hat mit dem Erdbeben also nichts entschieden. Gestorben sind in ihm gute wie böse Menschen, und gute wie böse Menschen haben auch überlebt.

Einzig die Schlusswendung, dass es Don Fernando wegen des geretteten Kindes fast ist, »als müsst er sich freuen«, lässt die furchtbare Täuschung, die Jeronimo und Josephe angetan wird oder der sie erliegen, etwas zurücktreten. Im Grunde ist es das, was bei Erdbeben bis heute geschieht: Ein einziges Kind wird wider Erwarten unter den Trümmern noch lebend hervorgezogen, und die Retter sind glücklich, weil sie an die Hunderte und Tausende Opfer, die es gleichzeitig gibt, dabei nicht denken. Niemandem käme in den Sinn zu sagen, dass alle diese Opfer zu vernachlässigen seien, weil dieses eine Kind überlebt hat. So ist es auch in Kleists Novelle: Das Tröstliche geht davon aus, dass man auch angesichts der gänzlichen Unerkennbarkeit von Gottes Absichten Freude darüber empfinden kann, zumindest mit *einer* Rettungstat Erfolg gehabt zu haben. Dass es das Kind einer angefeindeten Liebe ist, mag als Anzeichen für einen guten Ausgang hinzukommen.

Die Handlung

1 Nummerieren Sie die Illustrationen entsprechend dem Handlungsverlauf und kennzeichnen Sie kurz die jeweils abgebildete Situation.

A, D und E: Zeichnungen von Otto Hettner (1875–1931), Pan-Presse 1914 – B: Zeichnung von Alois Kolb (1875–1942), Berlin 1921 – C: Zeichnung von Wolfgang Felten (1914–1963), Leipzig 1939 – F: Holzschnitt von Paul Helms (1884–1961), Hamburg 1934

L

G: Zeichnung von Wolfgang Felten (1914–1963), Leipzig 1939 – H und K: Zeichnungen von Alois Kolb (1875–1942), Berlin 1921 – I und L: Zeichnungen von Otto Hettner (1875–1931), Pan-Presse 1914 – J: Radierung von Fritz Schwimbeck (1889–1972), Berlin 1920

Das Geschehen bis zum Wiedersehen des Paares im Tal

1 Warum könnte Kleist die über ein Jahr sich erstreckende Vorgeschichte so eng mit dem Erdbeben verbunden haben? Überlegen Sie, wie man das Schicksal des Liebespaares dadurch wahrnimmt.

Zeitpunkt	Geschehen	Textstelle
Sommer 1646	Jeronimo muss das Haus von Don Henrico Asteron, in dem er als Hauslehrer angestellt ist, verlassen, weil er sich mit dessen Tochter Josephe eingelassen hat. Josephe wird im Karmeliterkloster untergebracht.	Seite 57
Herbst 1646	Jeronimo	Seite 57
Juni 1647 Fronleichnam	Josephe	Seite 57
Juli 1647	Josephe	Seite 57 f.
Juli 1647	Jeronimo	Seite 58
Der Moment des Erdbebens Ende Juli 1647	Jeronimo	Seite 58 f.
Der Moment des Erdbebens	Josephe	Seite 62
Die erste Stunde nach dem Beben	Jeronimo	Seite 59 f.
Die erste Stunde nach dem Beben	Josephe	Seite 62
Der Tag des Bebens bis zum Abend	Josephe	Seite 63
Der Tag des Bebens bis zum Abend	Jeronimo	Seite 61

Das Gottvertrauen von Jeronimo und Josephe

1 Bevor er Josephe wiederfindet, bekennt Jeronimo viermal seinen christlichen Glauben: Dreimal dankt er Gott bzw. der Mutter Gottes, einmal überkommen ihn vorübergehend Zweifel an Gottes Güte. Notieren Sie die entsprechenden Handlungsmomente und zitieren Sie die Textstellen (S. 58–61).

2 Auch Josephe bekundet ihren Glauben an Gott, und Gottes Hilfe scheint sich an ihr zu bestätigen. Zitieren Sie die beiden Textstellen, die das belegen (S. 62–67).

3 Die Schilderung des Erdbebens erweckt den Eindruck, als ob Gott die Naturkatastrophe gezielt um der beiden Liebenden willen ausgelöst habe. Bewerten Sie unter dieser Perspektive die auf den Seiten 62 f. geschilderten Ereignisse.

Die christliche Symbolik der Ruheszene im Tal

Im Matthäus-Evangelium (Kapitel 2, Vers 13) wird berichtet, nach der Geburt von Jesus habe ein Engel Joseph befohlen, mit Maria und dem Kind nach Ägypten zu fliehen, weil König Herodes das Kind töten lassen wolle. Der erklärte künftige »König der Juden« sollte nicht am Leben bleiben. Für das ›bibelfeste‹ Publikum um 1800 war die Szene im Tal, in der Jeronimo und Josephe mit dem Kind unter einem Granatapfelbaum lagern, eine deutliche Anspielung auf die Flucht der Heiligen Familie. Besonders der Granatapfelbaum, wiederholt in der Bibel erwähnt und ein Symbol des Christuskindes und der Kirche, legte den christlichen Bezug nahe. Ein Bild mit diesem Motiv kann Kleist 1801 bei seinem Besuch der Dresdner Gemäldegalerie gesehen haben:

Ferdinand Bol (1616–1680): »Ruhe auf der Flucht« (1644)

Foto: Bernd W. Seiler

1 Benennen Sie die wenigen äußeren Ähnlichkeiten mit der auf Seite 64 geschilderten Szene. Lässt sich aus der christlich-symbolischen Situation folgern, dass der Sohn von Jeronimo und Josephe wie Christus eine Art Erlöser sein soll? Oder könnte die Geborgenheit der drei Geretteten eine andere christliche Bedeutung haben?

In Übernahme von Kleists Schilderung lehnt sich auch die Illustration von Wolfgang Felten (1939) zum »Erdbeben in Chili« an die biblischen Darstellungen an.

Der Kirchenbesuch

Der Bittgottesdienst schlägt wegen der Predigt des alten Chorherrn bald in Gewalt gegen die Gruppe um Jeronimo und Josephe um. Dem Paar wird wegen der Liebesnacht im Klostergarten im Jahr davor die Schuld an dem Erdbeben gegeben.

1 Wer empfiehlt den Kirchenbesuch?

2 Wer warnt vor ihm?

3 Wer geht mit?

4 Warum werden die beiden Säuglinge mitgenommen?

5 Wer wird auf Seiten der Gruppe von wem erschlagen?

6 Welche Opfer gibt es bei den Angreifern?

7 Soll an dem Kirchenbesuch jemand Schuld haben?

8 Welcher Doppelsinn liegt in der Äußerung Josephes, sie wolle ihr Antlitz gerade jetzt »vor dem Schöpfer in den Staub« legen, wo er »seine unbegreifliche und erhabene Macht so entwickle«? (S. 69, Z. 8–10)

9 Der Mörder Jeronimos bezeichnet sich als dessen Vater (vgl. S. 74, Z. 1 f.). Wie glaubhaft ist diese Angabe?

Der Schlusssatz der Novelle

Zu dem Schlusssatz – »Don Fernando und Donna Elvire nahmen hierauf den kleinen Fremdling zum Pflegesohn an; und wenn Don Fernando Philippen mit Juan verglich, und wie er beide erworben hatte, so war es ihm fast, als müsst er sich freuen.« (S. 75, Z. 20–24) – gibt es gegensätzliche Auslegungen. Nach einer soll Don Fernando im Überleben des fremden Kindes einen Fingerzeig Gottes sehen, dass es für den Menschen immer wieder einen Neuanfang gibt. »Das Kind der ›Sünde‹ steht im Lichte des Heils.« (Benno von Wiese: Die deutsche Novelle von Goethe bis Kafka. Band 2. Düsseldorf: Bagel Verlag 1962, S. 69)

Nach einer anderen wird das bestritten. Die mehrfach bedingte Aussage – es war ihm »fast«, ›als ob‹ er sich freuen »müsste« –, bedeute keine wirkliche, sondern eine bezweifelte Freude. Das zufällig überlebende fremde Kind könnte sich auch als ein Ungeheuer erweisen, so wie es in Kleists Novelle »Der Findling« der Fall ist, wo ein solches Kind als junger Mann seine Adoptivmutter Elvire (!) missbraucht und dafür von seinem Adoptivvater umgebracht wird. »Das überlebende Kind ist nicht Sinnbild des Triumphes über Tod und Sünde; es ist ein Beispiel für die Zufälligkeit des Daseins in einer unbegreiflichen Welt.« (Walter Silz: Das Erdbeben in Chili. In: Heinrich von Kleist. Wege der Forschung. Hrsg. von Walther Müller-Seidel. Darmstadt: Wissenschaftliche Buchgesellschaft 1967, S. 362)

1 Welche der beiden Deutungen gibt Kleists Intention Ihrer Auffassung nach richtiger wieder? Berücksichtigen Sie bei der Beantwortung dieser Frage die folgenden Aspekte:

- Wenn das Überleben des fremden Kindes »an sich« ein Grund zu Freude sein könnte, müsste sich Donna Elvira genauso wie Don Fernando darüber freuen können. Wie nimmt sie den Verlust ihres Sohnes auf? Was ist im »Erwerb« des Kindes für Don Fernando anders? Worauf bezieht sich seine Freude?
- Welche ganz andere Deutung würde sich ergeben, wenn der Schlusssatz lautete: »Und wenn Don Fernando Philippen mit Juan verglich, und was für einer Liebe er ihn verdankte, so war es ihm fast, als müsst er sich freuen«?
- Scheint Ihnen im Überleben des Kindes von Jeronimo und Josephe ein versöhnlicher Zug zu liegen? Wenn ja, worin könnte er bestehen?

Foto: Bernd W. Seiler

»Das Erdbeben in Chili«. Zeichnung von Otto Hettner (1875–1931)

Die szenische Gestaltung

Kleist greift für die einzelnen Situationen immer wieder zu äußersten Zuspitzungen, krassen Gegensätzen, Übertreibungen und sogar Unwahrscheinlichkeiten. Auf engstem Raum sollen die größten Emotionen hervorgerufen werden. Zeigen Sie an den nachfolgend genannten Szenen diesen Stilzug – in Stichworten – auf.

Der Skandal der Niederkunft Josephes

1 »Es war am Fronleichnamsfeste, und die feierliche Prozession der Nonnen, welchen die Novizen folgten, nahm eben ihren Anfang, als die unglückliche Josephe, bei dem Anklange der Glocken, in Mutterwehen auf den Stufen der Kathedrale niedersank.« (S. 57, Z. 20–24) – Welche extremen Momente kommen hier zusammen?

Foto: Bernd W. Seiler

Gentile Bellini (1429–1507). Fronleichnam 1496 in Venedig (Gallerie dell' Accademia)

Der Schrecken der Erdbebenfolgen

2 Als Jeronimo in der Stadt umherirrt und nach dem Schicksal Josephes fragt, kommt es zu der folgenden Situation: »Eine Frau, die auf einem fast zur Erde gedrückten Nacken eine ungeheure Last von Gerätschaften und zwei Kinder, an der Brust hängend, trug, sagte im Vorbeigehen, als ob sie es selbst angesehen hätte: dass sie enthauptet worden sei.« (S. 61, Z. 1–4). – Was nimmt man hier als Leser hauptsächlich wahr, was wird Jeronimo folgern?

Das Wunder der Rettung des Kindes

3 »Sie fand das ganze Kloster schon in Flammen, und die Äbtissin, die ihr [...] Sorge für den Säugling angelobt hatte, schrie eben, vor den Pforten stehend, nach Hülfe, um ihn zu retten. Josephe stürzte sich, unerschrocken durch den Dampf, der ihr entgegenqualmte, in das von allen Seiten schon zusammenfallende Gebäude, und gleich, als ob alle Engel des Himmels sie umschirmten, trat sie mit ihm unbeschädigt wieder aus dem Portal hervor. Sie wollte der Äbtissin, welche die Hände über ihr Haupt zusammenschlug, eben in die Arme sinken, als diese, mit fast allen ihren Klosterfrauen, von einem herabfallenden Giebel des Hauses, auf eine schmähliche Art erschlagen ward.« (S. 62, Z. 11–23)
Was ist an diesem Geschehen ›wunderbar‹? Was kann möglich oder auch nicht möglich sein, wenn Josephe mit dem Säugling in den Armen aus dem Haus kommt?

Die szenische Gestaltung (Fortsetzung)

Die Andacht in der Kirche

4 Zum Bittgottesdienst in der Dominikanerkirche versammelt sich eine »unermessliche Menschenmenge«. »Das Gedränge erstreckte sich bis weit vor den Portalen auf den Vorplatz der Kirche hinaus, und an den Wänden hoch, in den Rahmen der Gemälde, hingen Knaben, und hielten mit erwartungsvollen Blicken ihre Mützen in der Hand. [...] und Stille herrschte, da die Orgel jetzt schwieg, in der ganzen Versammlung, als hätte keiner einen Laut in der Brust. Niemals schlug aus einem christlichen Dom eine solche Flamme der Inbrunst gen Himmel, wie heute aus dem Dominikanerdom zu St. Jago [...]« (S. 70, Z. 18–31).
Was fällt an dieser Beschreibung auf?

Die Empörung der Zuhörer

5 Was wird aus dem Gottesdienst, nachdem der Chorherr »umständlich des Frevels erwähnte, der in dem Klostergarten der Karmeliterinnen verübt worden war« (S. 71, Z. 20–22)? Was nimmt man von der »unermessliche[n] Menschenmenge« (S. 70, Z. 18) noch wahr, die sich in und vor der Kirche versammelt hat?

Der Angriff auf die Gruppe

6 Kaum dass die Gruppe aus der Kirche kommt, streckt einer aus dem »rasenden Haufen« (S. 73, Z. 33), der ihr folgt, Jeronimo »mit einem ungeheuren Keulenschlage zu Boden« (S. 74, Z. 3). Was fällt an ihm und den anderen Kirchgängern auf? Wie werden sie genannt und gekennzeichnet? Wie stirbt auf dem Platz vor der Kirche das Kind? Wie und warum wird gerade diese Mordtat noch eigens beschrieben?

Zeichnung von Wolfgang Felten (1914–1963) in »Michael Kohlhaas und andere Novellen« (Reclam Verlag, Leipzig 1939, Nachdruck von 1949)

Holzschnitt von Paul Helms (1884-1961) in einer Ausgabe von Kleists Erzählungen (Hamburg 1934)

Das Heldentum Don Fernandos

7 »Don Fernando, dieser göttliche Held, stand jetzt, den Rücken an die Kirche gelehnt; in der Linken hielt er die Kinder, in der Rechten das Schwert.« (S. 74, Z. 23–25)
Wie wird mit dieser Beschreibung und dem nachfolgenden Kampfgeschehen der Eindruck übermenschlicher Größe und Heldenhaftigkeit erzeugt? Was könnte Don Fernando nach dem Kampf durch den Kopf gehen, wird aber vom Erzähler nicht mehr berührt? Kennen Sie Helden dieser Art auch aus der heutigen Literatur oder aus Filmen und Videospielen?

Die bedeutsamen Aufzählungen

Die emotionale Steigerung des Mitgeteilten durch eine bestimmte Art der Gestaltung zeigt sich auch bei mehreren Aufzählungen. Erschließen Sie das an den nachfolgenden Beispielen.

Die Zerstörungen aus der Sicht Jeronimos

Hier stürzte noch ein Haus zusammen, und jagte ihn, die Trümmer weit umherschleudernd, in eine Nebenstraße; hier leckte die Flamme schon, in Dampfwolken blitzend, aus allen Giebeln, und trieb ihn schreckenvoll in eine andere; hier wälzte sich, aus seinem Gestade gehoben, der Mapochofluss auf ihn heran, und riss ihn brüllend in eine dritte. Hier lag ein Haufen Erschlagener, hier ächzte noch eine Stimme unter dem Schutte, hier schrien Leute von brennenden Dächern herab, hier kämpften Menschen und Tiere mit den Wellen, hier war ein mutiger Retter bemüht, zu helfen; hier stand ein anderer, bleich wie der Tod, und streckte sprachlos zitternde Hände zum Himmel. Als Jeronimo das Tor erreicht, und einen Hügel jenseits desselben bestiegen hatte, sank er ohnmächtig auf demselben nieder. *(S. 59, Z. 23, bis S. 60, Z. 3)*

Die Zerstörungen aus der Sicht Josephes

Sie hatte noch wenig Schritte getan, als ihr auch schon die Leiche des Erzbischofs begegnete, die man soeben zerschmettert aus dem Schutt der Kathedrale hervorgezogen hatte. Der Palast des Vizekönigs war versunken, der Gerichtshof, in welchem ihr das Urteil gesprochen worden war, stand in Flammen, und an die Stelle, wo sich ihr väterliches Haus befunden hatte, war ein See getreten, und kochte rötliche Dämpfe aus. Josephe raffte alle ihre Kräfte zusammen, sich zu halten. Sie schritt, den Jammer von ihrer Brust entfernend, mutig mit ihrer Beute von Straße zu Straße, und war schon dem Tore nah, als sie auch das Gefängnis, in welchem Jeronimo geseufzt hatte, in Trümmern sah. Bei diesem Anblicke wankte sie [...]. *(S. 62, Z. 28, bis S. 63, Z. 7)*

Die Situation im Tal

Und in der Tat schien, mitten in diesen grässlichen Augenblicken, in welchen alle irdischen Güter der Menschen zu Grunde gingen, und die ganze Natur verschüttet zu werden drohte, der menschliche Geist selbst, wie eine schöne Blume, aufzugehn. Auf den Feldern, so weit das Auge reichte, sah man Menschen von allen Ständen durcheinanderliegen, Fürsten und Bettler, Matronen und Bäuerinnen, Staatsbeamte und Tagelöhner, Klosterherren und Klosterfrauen: einander bemitleiden, sich wechselseitig Hülfe reichen, von dem, was sie zur Erhaltung ihres Lebens gerettet haben mochten, freudig mitteilen, als ob das allgemeine Unglück Alles, was ihm entronnen war, zu *einer* Familie gemacht hätte. *(S. 67, Z. 2–14)*

1 DIE ZERSTÖRUNGEN AUS DER SICHT JERONIMOS: Obwohl sich der Eindruck eines absoluten Chaos ergibt, ist der Text selbst doch gegliedert. Nach welchen Gesichtspunkten sind die Eindrücke sortiert?

2 DIE ZERSTÖRUNGEN AUS DER SICHT JOSEPHES: Das Strafgericht, das sich in dieser Aufzählung ausdrückt, zeigt durchaus Abstufungen. Welche? Wo geht die Bestrafung am weitesten, wo trifft sie Josephe am meisten?

3 DIE SITUATION IM TAL: Diese Aufzählung feiert das Erdbeben als Auslöser einer großen sozialen Versöhnung und wird im Lesen auch so verstanden. Doch lässt sich dieser Eindruck durch die Einzelheiten bestätigen?
Prüfen Sie,

- was über die Erdbebenfolgen gesagt wird;
- ob die Angaben auf den Seiten 61, 63 und 67 zu dem Tal und den dorthin geflohenen Menschen übereinstimmen;
- ob die jeweiligen Gegensatzpaare zu den angedeuteten Gesamtverhältnissen passen und in allen Fällen soziale Gegensätze bezeichnen.

Bestätigt sich der insgesamt vermittelte EIndruck einer sozialen Durchmischung der im Tal versammelten Menschen an der Gruppe, mit der Jeronimo und Josephe in Kontakt kommen?

Das Erdbeben von Lissabon und die Folgen

1 Worin ähnelt Kleists Behandlung des Erdbebens dem Blick Voltaires, worin entspricht er ihm nicht?

2 Was unterscheidet die Positionen Voltaires und Rousseaus bzw. Kants zum Erdbeben von Lissabon und was bleibt in Kleists Novelle von dem aufklärerischen Gedankengut übrig?

Mit dem Erdbeben von Lissabon im November 1755 verbindet sich für alle Zeitgenossen und noch über einen langen Zeitraum danach eine Diskussion über die göttliche Einrichtung der Welt. Der philosophische Begriff dafür wurde der der ›Theodizee‹, 1710 von Gottfried Wilhelm Leibniz (1646–1716) geprägt und als »Gottes-Lehre« zu übersetzen, eine Theorie, nach der Gott die Welt trotz der darin vorkommenden Übel im Ganzen als eine gute geschaffen habe. Das Böse soll ihr zufolge stets ein Teil des Guten sein, oder wie Alexander Pope (1688–1744) es in seinem »Essay on Man« 1734 formuliert hat: »Whatever is, is right« – »Alles, was ist, ist gut«.

Dieses optimistische Weltverständnis wurde durch das Erbeben von Lissabon in Frage gestellt. Was konnte an der Verwüstung einer Stadt mit 150 000 Einwohnern, von denen in kurzer Zeit ein Drittel oder gar die Hälfte ums Leben kam, Teil von etwas Gutem sein? Der Philosoph Voltaire (1694–1778) verfasste 1756 ein 250 Verse umfassendes Gedicht über diese Katastrophe (»Poème sur le desastre de Lisbonne«), dessen Untertitel auf deutsch lautet: »Prüfung des Satzes ›Alles ist gut‹.« In einer pathetischen Aufzählung der Folgen des Erdbebens wendet Voltaire sich an die Vertreter der Optimismus-Philosophie und fragt sie ein um das andere Mal, wie all dies Elend mit dem Gedanken einer von Gott gut eingerichteten Welt zu vereinbaren sei.

»Hört ihr das Todesröcheln, das Geschrei
Der Sterbenden? Vermögt ihr ohne Grauen
Den Dampf verkohlter Leichen dort zu schauen?
Und lehrt ihr kalt und ruhig noch dabei
Dass ewige Gesetze den Allmächt'gen zwingen,
Des freien, guten Gottes Wahl bedingen?
Könnt ihr den Haufen jener Opfer sehn
Und habt ihr noch den Mut zu sprechen:
›Gott rächte sich; ihr Tod ist Lohn für ihr Verbrechen‹?
Ha! Welche Untat, welch Vergehn
Ward von den zarten Kindern wohl begangen,
Die blutend und zerquetscht am Mutterbusen hangen?
War Lissabon, das nicht mehr steht,
Im Pfuhl der Laster tiefer wohl versunken
Als London, als Paris, wo wollusttrunken,
Indes die Tejostadt zu Grunde geht,
Bacchantisch Groß und Klein in üpp'gem Tanz
sich dreht?«

Voltaire zweifelt allerdings wegen dieses Elends nicht an Gott, sondern nur an der Verklärung der Schöpfung. Man wisse nicht, verstehe nicht, was Gott mit ihr bezweckte.

»Nichts, das wir kennen, gibt es, nichts, das wir
Nicht fürchten. Die Natur ist stumm, vergebens
Befragt man sie. [...]
Auch Leibniz zeigt mir nicht die unsichtbaren
Verknüpfungen, wodurch in dieser Welt,
der bestgeordneten von allen, die
Er sich als möglich denken kann, die größte
Unordnung ewig herrscht, ein wahres Chaos
Von Elend, das mit wen'gen eiteln Freuden
Der wahrsten Schmerzen Unzahl grausam mischt.
Er sagt mir nicht, warum dasselbe Übel
Den Guten wie den Schuldbelasteten
Gleich unabwendbar trifft. Nicht minder dunkel
Ist mir, wie Alles in der Welt beschaffen
Sein müsst', um gut zu heißen. Ach! Ich gleiche
Den Meistern aller Weisheit: Ich weiß nichts!«

Aus: Voltaires Werke in zeitgemäßer Auswahl. 12 Theile in drei Bänden. Deutsch von Adolf Ellissen. Band 1.1. Leipzig: Hartleben 1844/45, S. 211–222

Diese so undurchschaubare Schöpfung darf man deshalb nicht als »die beste aller Welten« preisen, sondern muss hinnehmen, sie nicht zu verstehen, und mit dem Leiden sich abfinden.

Noch entschiedener geht Voltaire aber in seinem Roman »Candide ou l'optimisme« (»Candide oder Der Optimismus«, 1759) mit diesem Weltverständnis ins Gericht. Der junge Candide, eine Art Gralssucher der Aufklärungszeit, wird von seinem Lehrer Pangloss (in dem der informierte Leser Leibniz erkennt) in dessen Philosophie eingewiesen und fährt danach, weil aus dem Haus des Pflegevaters gejagt, durch die Welt, wo er andauernd feststellen muss, dass überhaupt nichts gut ist. Er lernt Kriege, Gefangenschaft, Kannibalismus, Naturkatastrophen und menschliche Schlechtigkeiten aller Art kennen, bis er erkennt, dass der einzige Weg, es in dieser Welt auszuhalten, die tägliche Arbeit ist.

Auch in das Erdbeben von Lissabon gerät Candide hinein. Ein Matrose, der mit ihm unterwegs ist, sieht in dem Chaos eine willkommene Gelegenheit zu plündern, sich zu betrinken und sich mit einer Frau zu vergnügen. Mit einigen Überlebenden, denen sie geholfen haben, genießen sie dann in den Trümmern ein gutes Essen, bei dem Pangloss erklärt, das Erdbeben müsse nun einmal in Lissabon stattfinden, weil es nicht woanders stattfinde, und dass dieselbe Sache nicht an zwei verschiedenen Orten gleichzeitig stattfinde, sei gut. Wegen dieser und anderer sophistischer Reden wird er von der Inquisition festgesetzt und aufgehängt, während man mehrere andere, die Unpassendes gesagt oder getan haben, zur Abwendung weiterer Erdbeben verbrennt. Vor der Hinrichtung müssen alle eine Predigt und eine Trauermusik anhören, zu der Candide als Begleiter von Pangloss ausgepeitscht wird. »Wenn das die beste aller möglichen Welten ist«, sagt Candide, »wie müssen dann erst die anderen sein«.

Ob sich Kleist mit seiner »Erdbeben«-Novelle unmittelbar auf Voltaire bezogen hat, wie manche annehmen, ist nicht sicher. Die Position Voltaires war so weithin bekannt und verbreitet, dass er sie auch über andere Schriften kennengelernt haben kann.

Entscheidenden Anteil an dieser Bekanntheit hatte eine öffentlichkeitswirksame Auseinandersetzung zwischen Voltaire und Jean-Jacques Rousseau (1712–1778). Dieser hatte Voltaire 1756 in einem längeren Brief zu dem Lissabon-Poem vorgehalten, aus dem Erdbeben lasse sich nichts zur Existenz Gottes folgern. Wenn man an Gott und das ewige Leben glaube, bedeute der irdische Tod nichts, und es sei gar nicht ausgemacht, ob das plötzliche Sterben in einem Erdbeben für manche nicht eine Erlösung gewesen sei gegenüber dem, was sie von Ärzten, Erben, Notaren und Priestern sonst vielleicht hätten erfahren müssen. Außerdem hätte Gott den Menschen nicht befohlen, in einer Erdbebenzone siebenstöckige Häuser zu bauen, und er sei auch nicht verpflichtet, an solchen Stellen Erdbeben zu verhüten. Er habe die Natur eingerichtet, wie sie nun einmal sei, darauf müsse der Mensch sich einstellen.

Mit dieser Erwiderung stellte Rousseau dem weitgehend fatalistischen Weltverständnis Voltaires einen zum Handeln fähigen Menschen gegenüber, ganz im Sinne des 1784 aufgestellten Leitspruchs der Aufklärung von Immanuel Kant: »Habe Mut, dich deines eigenen Verstandes zu bedienen!« Und ebenso hat auch Kant schon 1755 über die Katastrophe von Lissabon geurteilt: »Es lässt sich leicht raten: dass, wenn Menschen auf einem Grunde bauen, der mit entzündbaren Materien angefüllt ist, über kurz oder lang die ganze Pracht ihrer Gebäude durch Erschütterungen über den Haufen fallen könne; aber muss man denn darum über die Wege der Vorsehung ungeduldig werden? Wäre es nicht besser also zu urteilen: Es war nötig, dass Erdbeben bisweilen auf dem Erdboden geschähen, aber es war nicht notwendig, dass wir prächtige Wohnplätze darüber erbaueten? [...] Der Mensch muss sich in die Natur schicken lernen, aber er will, dass sie sich in ihn schicken soll.«

Immanuel Kant: Geschichte und Naturbeschreibung der merkwürdigsten Vorfälle des Erdbebens, welches an dem Ende des 1755sten Jahres einen großen Teil der Erde erschüttert hat. In: Kant: Gesammelte Schriften. Akademie-Ausgabe. Abt. 1, Band 1. Berlin: Verlag von Georg Reimer 1910, S. 456

Die Positionen Rousseaus und Kants lassen sich mit der Kleists nicht in Verbindung bringen. Sie zeigen nur, wie er das Erdbeben nicht beurteilt hat. Epochengeschichtlich gehört sein Verständnis der Weltverhältnisse gerade nicht mehr der Aufklärung, sondern der Frühromantik an. Die Natur ist ihm undurchsichtig und unheimlich, sichere Erkenntnisse ihr gegenüber gibt es nicht, und selbst jener Rest an Gottvertrauen, der bei Voltaire vorliegt, ist ihm abhandengekommen. Im Weltbild der Romantik wird dann bald ein tröstendes Ahnen und Fühlen an die Stelle der gänzlichen Ungewissheit treten, doch diese Entwicklung vollzieht Kleist nicht mit.

Eine Verbindung zu Rousseau lässt sich allenfalls für die Verhältnisse im Tal, dem Mittelteil der Novelle, herstellen. Rousseaus »Discours sur l'origine et les fondements de l'inégalité parmi les hommes« (»Abhandlung über den Ursprung und die Grundlagen der Ungleichheit unter den Menschen«, 1755) sieht die Aneignung von Naturgütern, vor allem die von Grund und Boden, als die Wurzel des Bösen unter den Menschen an. »Der erste, der ein Stück Land eingezäunt hatte und auf den Gedanken kam zu sagen ›Dies ist mein‹ und der Leute fand, die einfältig genug waren, ihm zu glauben, war der wahre Begründer der zivilen Gesellschaft. Wie viele Verbrechen, Kriege, Morde, wie viele Leiden und Schrecken hätte nicht derjenige dem Menschengeschlecht erspart, der die Pfähle herausgerissen oder den Graben zugeschüttet und seinen Mitmenschen zugerufen hätte: ›Hütet euch davor, auf diesen Betrüger zu hören; ihr seid verloren, wenn ihr vergesst, dass die Früchte allen gehören und dass die Erde niemandem gehört.‹ « (Zitiert nach der Ausgabe im Reclam Verlag, Stuttgart 2010, S. 74) Unter Naturverhältnissen war der Mensch für Rousseau gut, so wie bei Kleist die Menschen im Tal, die dem Erdbeben entkommen und vorübergehend »zu *einer* Familie« geworden sind (S. 67, Z. 13). Allerdings erweist sich diese idyllische Friedfertigkeit als etwas gesellschaftlich Abgesondertes, nicht typisch und nicht haltbar. Im Ganzen herrschen andere Verhältnisse.

»Das Erdbeben in Chili« und Kleists Lebensgefühl

1 Markieren Sie in den nachfolgend zitierten Briefen Kleists die Stellen, die seinen Schicksalsglauben besonders deutlich zeigen.

2 Lässt sich die Briefäußerung Kleists aus dem Jahr 1806 »Es kann kein böser Geist sein, der an der Spitze der Welt steht: es ist ein bloß unbegriffener!« auch als eine Deutung des »Erdbebens in Chili« verstehen?

Der gedankliche Hintergrund von Kleists »Erdbeben«-Novelle reicht zurück bis in die Zeit seiner Verlobung mit Wilhelmine von Zenge, der Tochter eines Regimentskommandanten in seiner Geburtsstadt Frankfurt an der Oder. Nach der Quittierung des Militärdienstes im April 1799 hatte Kleist dort zu studieren angefangen – Physik, Mathematik, Kulturgeschichte – und ließ von 1800 an die drei Jahre jüngere Wilhelmine aus Bildungsabsichten, aber auch zu seiner Selbstvergewisserung in vielen langen Briefen an seinen Gedanken teilhaben. Das blieb auch auf mehreren Reisen so, die sich an seine kaum mehr als einjährige Studienzeit anschlossen.

In dieser Reisezeit hat sich Kleists Weltbild, wie Thomas E. Bourke aufgezeigt hat, immer mehr verdüstert (Thomas E. Bourke: Vorsehung und Katastrophe. Voltaires »Poème« und Kleists »Erdbeben«. In: Klassik und Moderne. Hrsg. von Karl Richter und Jörg Schönert. Stuttgart: Verlag J. B. Metzler 1983, S. 228 bis 253). Glaubte er zunächst fest an die Möglichkeit der Selbstbestimmung, wollte nach einem »Lebensplan« leben, so wie man sich vor einer Reise einen ›Reiseplan‹ macht (Brief vom Mai 1799 an seine Halbschwester Ulrike von Kleist), so sieht er sich nach verschiedenen Misserfolgen und angesichts der Ungewissheit seiner Zukunft mehr und mehr einem anonymen Schicksal ausgeliefert. »Ach, Wilhelmine«, schreibt er am 21. Juli 1801 aus Paris an die Verlobte, »ist es denn auch so *gewiss*, dass ich meinem Abgrund entgegeneile? Wer kann die Wendungen des Schicksals erraten? Gibt es eine Nacht, die ewig dauert? So wie eine unbegreifliche Fügung mich schnell unglücklich machte, kann nicht eine ebenso unbegreifliche Fügung mich ebenso schnell glücklich machen? [...] o wie unbegreiflich ist der Wille, der über uns waltet!«

Die Zufälligkeit und Unergründlichkeit dessen, was ›das Leben‹ oder Gott mit ihm vorhat, beschäftigt ihn bis in den Alltag hinein. Für den Weg nach Paris hatte er mit seiner Halbschwester Ulrike, mit der er die Reise unternahm, zwei Pferde gekauft, war also im eigenen Wagen unterwegs. Bei Frankfurt am Main war es ihnen passiert, dass die Pferde wegen eines schreienden Esels durchgingen. Der Wagen stürzte um, sie wurden hinausgeschleudert, blieben aber unverletzt. Was schreibt er dazu an seine Verlobte? »Also an ein[em] Eselsgeschrei hing ein Menschenleben? Und wenn es geschlossen gewesen wäre, darum hätte ich gelebt? *Das* wäre die Absicht des Schöpfers gewesen bei diesem dunkeln, rätselhaften irdischen Leben? *Das* hätte ich darin lernen und tun sollen, und weiter nichts –? Doch, noch war es nicht geschlossen. Wozu der Himmel es mir gefristet hat, wer kann es wissen?« (Aus dem gleichen Brief vom 21. Juli 1801 an Wilhelmine von Zenge.)

Äußerungen dieser Art finden sich von dieser Zeit an immer wieder. Aus der Unergründlichkeit des eigenen Lebens schließt Kleist auf die Unergründlichkeit des Lebens überhaupt. »Ja, wahrlich«, schreibt er in einem weiteren Brief aus Paris, „wenn man überlegt, dass wir ein Leben bedürfen, um zu lernen, wie wir leben müssten, dass wir selbst im Tode noch nicht ahnden, was der Himmel mit uns will, wenn niemand den Zweck seines Daseins und seine Bestimmung kennt, wenn die menschliche Vernunft nicht hinreicht, sich und die Seele und das Leben und die Dinge um sich zu begreifen, wenn man seit Jahrtausenden noch zweifelt, ob es ein Recht gibt ? – – kann Gott von solchen Wesen *Verantwortlichkeit* fordern? Man sage nicht, dass eine Stimme im Innern uns heimlich und deutlich anvertraue, was Recht sei. Dieselbe Stimme, die dem Christen zuruft, seinem Feinde zu vergeben, ruft dem Seeländer zu, ihn zu braten, und mit Andacht isst er ihn auf.« (Brief vom 15. August 1801 an Wilhelmine von Zenge.)

Mit Kannibalen muss sich auch Voltaires Romanfigur Candide auseinandersetzen, und das nicht nur gedanklich. Im argentinischen Dschungel werden er und sein Begleiter von den »Langohren« gefangen genommen, die sie für Jesuiten halten und deshalb braten und essen wollen. Sie hätten sonst weiter nicht viel zu essen, wird dazu erklärt, also sei es vernünftig, die Gefangenen als Feinde nicht bloß zu töten, wie das üblich sei, sondern sich auch eine Mahlzeit aus ihnen zuzubereiten. Nur weil Candide beweisen kann, dass er kein Jesuit ist, sondern selbst schon einen solchen getötet hat, kommt er wieder frei (Voltaire, »Candide«, 16. Kapitel).

Die letzte Konsequenz der Ahnungslosigkeit, wie sich der Mensch auf der Erde bewähren kann und was er dort eigentlich soll, ist die Unbegreiflichkeit der

Schöpfung überhaupt. Aus Königsberg, wo er durch Vermittlung seiner Verwandten Marie von Kleist ab 1805 an der Domänenkammer zum preußischen Finanzbeamten ausgebildet wird, schreibt Kleist am 4. August 1806 an seinen Dienstherrn, den Freiherrn vom Stein zum Altenstein:

»Ach, was ist dies für eine Welt! Wie kann ein edles Wesen, ein denkendes und empfindendes, wie der Mensch, hier glücklich sein! Wie kann er es nur *wollen*, hier, wo Alles mit dem Tode endigt! Wir begegnen uns, drei Frühlinge lieben wir uns, und eine Ewigkeit fliehen wir wieder auseinander! Und was ist des Strebens wert, wenn es die Liebe nicht ist! O es muss noch etwas anderes geben, als Liebe, Ruhm, Glück & x, y, z, wovon unsre Seelen nichts träumen. Nur darum ist dieses Gewimmel von Erscheinungen angeordnet, damit der Mensch an *keiner* hafte. Es kann kein böser Geist sein, der an der Spitze der Welt steht: es ist ein bloß unbegriffener! Lächeln wir nicht auch, wenn die Kinder weinen? Denken Sie nur, diese unendliche Fortdauer! Millionen von Zeiträumen, jedweder ein Leben, und für jedweden eine Erscheinung, wie diese Welt! Wie doch der kleine Stern heißen mag, den man auf dem Sirius, wenn der Himmel klar ist, sieht? Und dieses ganze ungeheure Firmament, das die Phantasie nicht ermessen kann, nur ein Stäubchen gegen den unendlichen Raum!«

Es ist dieses Gefühl der Verlorenheit des Menschen in der Welt, das sich im »Erdbeben in Chili« ausdrückt. Die Brutalität, mit der die Träume von Liebe, Güte und Versöhnung zerstört werden, ist die Antwort darauf, dass Kleist selbst diesen Träumen einmal nachgehangen hat. »Da waltet ein großes unerbittliches Gesetz über die ganze Menschheit«, heißt es in seinem »Aufsatz, den sichern Weg des Glücks zu finden« von 1799. »Der Tugend folgt die Belohnung, dem Laster die Strafe.« (Heinrich von Kleist: Sämtliche Erzählungen, Anekdoten, Gedichte, Schriften. Hrsg. von Klaus Müller-Salget. Frankfurt am Main: Deutscher Klassiker Verlag 2005, S. 522.) Für Bernhard Blume kommt die Novelle deshalb einer Selbstbestrafung gleich, eben dafür, sich solche Illusionen einst erlaubt zu haben. (Bernhard Blume: Kleist und Goethe. In: Heinrich von Kleist: Aufsätze und Essays. Hrsg. von Walther Müller-Seidel. Darmstadt: Wissenschaftliche Buchgesellschaft 1967, S. 130–185 hier: S. 159.) Und Thomas E. Bourke schreibt, dass zumal die Auslöschung Josephes, die in allem Kleists Frauenideal entspreche, einen »gewaltigen Schlussstrich« unter seine »jahrelang gehegte Privatutopie« zum Eheglück bedeute. Wilhelmine von Zenge, die ihm 1802 nicht in die Schweiz hatte folgen wollen, war mittlerweile mit dem Philosophieprofessor Wilhelm Traugott Krug verheiratet, der 1805 in Königsberg die Nachfolge des verstorbenen Immanuel Kant antrat. »Mit dieser Erzählung muss sich Kleist Schweres angetan haben«, folgert Bourke. Die tief pessimistische Weltsicht des »Erdbebens« geht jedenfalls weit über das hinaus, was Voltaire an Zweifeln mit dem Erdbeben von Lissabon verband. Sie lässt von Kleists einstiger Hoffnung auf ein Heimischwerden in dieser Welt nichts übrig.

Foto: Bernd W. Seiler

Undatierter Holzschnitt zum Erdbeben von Lissabon. Eine ungeheure Flutwelle vom Atlantik her und den Tejo aufwärts forderte damals die meisten Opfer.

Gerhart Hauptmann
Schroedel
Vor Sonnenaufgang
von Dieter Martin
Schroedel Interpretationen
Band 37

Theodor Fontane
Schroedel
Effi Briest
von Hans-Georg Schede
Schroedel Interpretationen
Band 9

Franz Kafka
Schroedel
Der Proceß
von Thomas Pittrof
Schroedel Interpretationen
Band 4

Gotthold Ephraim Lessing
Schroedel
Emilia Galotti
von Sebastian Kaufmann
und Günter Saße
Schroedel Interpretationen
Band 28

Johann Wolfgang von Goethe
Schroedel
Iphigenie auf Tauris
von Werner Winkler
Schroedel Interpretationen
Band 16

Friedrich Schiller
Schroedel
Maria Stuart
von Hans-Georg Schede
Schroedel Interpretationen
Band 1

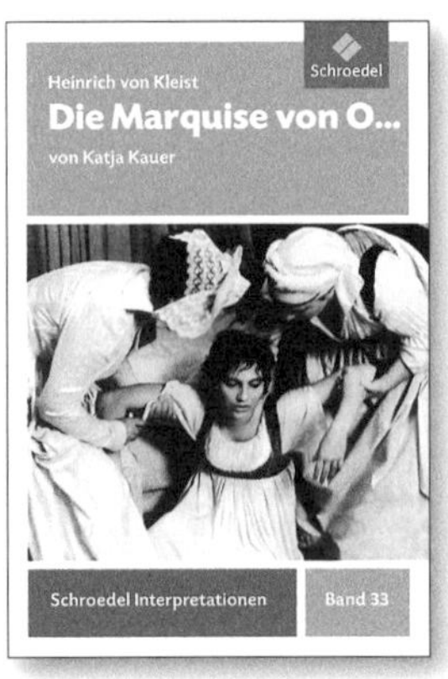
Heinrich von Kleist
Schroedel
Die Marquise von O...
von Katja Kauer
Schroedel Interpretationen
Band 33

Thomas Mann
Schroedel
Buddenbrooks
von Wolfgang Bühnemann
und Hans-Georg Schede
Schroedel Interpretationen
Band 23